“自分史上最高の美人”になれる40の習慣

小林彩友
Aya Kobayashi

KADOKAWA

はじめに

1年後、「自分史上、最高の美人」になっている自分に出会える——。

そんな方法があったら、知りたいと思いませんか？


みなさん、はじめまして。小林彩友《こばやしあゆ》と申します。

普段は「タフ子ちゃん」という名前で、主にX（旧Twitter）とInstagramで発信をしています。

私のメインコンテンツは、「自分磨き」です。

・肌や髪をきれいにするには何をすればいいか
・ボディラインを引き締めるには、どうしたらいいか
・何を食べたら体の中から美しくなれるか
・さらには、見えないところで自信をつけるにはどんな意識が必要か

など、世界一大切な自分を内側からも外側からも磨き上げる方法を発信しています。お仕事としてお受けしているPRの投稿も含め、すべて「私自身が試してみて実感したこと」が発信のベースになっています。

ちなみにXアカウント「タフ子ちゃん」のそもそもの出発点は、大学在学時にお世話になったインターン先でInstagram 美容メディアの立ち上げに関わったことでした。最初はほとんど誰も見ていなかったアカウントでしたが、「有益な美容の情報を、必要としている人に届けたい」

という思いから必死に投稿し続けた結果、1年で約7万人の方が見てくれるようになったのです。しかしその当時から私の主な情報の仕入れ先は雑誌、口コミ、店頭、そしてTwitter。そこで、情報量が多く拡散性の高いプラットフォームであるTwitterに主戦場を移し、会社ではなく個人のアカウントとして成長してみたいという思いから自らのアカウントを開設したのです。

自分磨きで得られるワクワク感を、できるだけたくさんの人たちと共有したい。

現在、私が、いわゆる「美容系インフルエンサー」として発信しているすべての源に、この思いがあります。

「もっときれいになりたい」「もっと健康になりたい」というのは、誰にも共通する希望でしょう。

私は自分の体験から、自分磨きにおいて、努力は必ず報われる、手をかければかけるほど、肌も髪もボディも応えてくれるということを、比較的早いうちに学びました。

実は、そのことを教えてくれたのは、エステティシャンをしている母でした。母は幼い私を連れて薬局に行き、自分に合う基礎化粧品を選ばせ、「肌に一番重要なのは保湿である」「季節を問わず日焼け止めは必ず塗る」といった基本の心得を授けてくれました。

現在、50代になっている母ですが、美しい肌と引き締まった体、旅などアクティブに動き回る元気を維持しています。その少しも衰えを感じさせず、むしろ歳を取ることを楽しんでいる母の姿こそ、私にとっては最良のインフルエンサーであり、お手本であり、将来の目標です。

本書には、私が今までに実践してきた様々な方法のなかでも、特に重要で効果が高いと感じているものを詰め込みました。

自分磨きを始めるのに遅すぎるということはないと思います。

今日という日は、これからの人生の第1日目。

今日の自分は、これからの人生で一番若い自分。

ならば、今日から何かを始めれば、それだけ、明日からはより美しく健やかになっていくでしょう。

私自身、そんなふうに思いながら自分磨きに精を出す日々です。

それは何も面倒でも苦しくもない、ただただ「大切な自分を大切に扱うことにワクワクするプロセス」です。ぜひ多くの方に味わってほしくて本書を書きました。

序章の心得に続いて、Chapter1では美と健康のための基本ルーティン、Chapter2では肌と髪を磨く方法、Chapter3ではボディケアとボディメイク、Chapter4では体の中から美しくなるための食事、そしてChapter5では本来の魅力を最大限に引き出すメイクアップ＆ヘアメイクについて、お伝えしていきます。

全部をできなくてもいいので、できることから少しずつ生活の中に取り入れてみてください。

本書を通じて、みなさんが楽しく自分磨きを続け、豊かな自信と共に人生を歩んでいくお手伝いができたら、とてもうれしく思います。

小林　彩友

〝自分史上最高の美人〟になれる40の習慣　目次

はじめに……2

序章　〝自分史上最高に美しいあなた〟に出会うために

1. 自分磨きとは「自分との絆」を深めること……18
2. いつも上機嫌、だからよいご縁も運も引き寄せられる……22
3. 「今の自分」に目を向けるほどに「未来の自分」が輝く……26
4. 「時間を使う」とは「寿命を使う」ということ……29
5. 自分磨きにSNSを利用する……33
6. 美容をがんばっている理想の自分として発信!……38
7. 支出は「浪費」か「投資」かで考える……41
8. 3ヶ月で体形、半年で肌と髪、1年でオーラが変わる意識を……44

Chapter 1 美と健康の土台をつくる習慣術

9. 朝は「1日を美しく、活動的に過ごす」ための時間……52
・モーニングルーティン① 目が覚めたら勢いよく起きる……52
・モーニングルーティン② 白湯を飲む……53
・モーニングルーティン③ 洗顔→日焼け止め→軽く整髪……54
・モーニングルーティン④ サプリメントを飲む……55
・モーニングルーティン⑤ 読書をする……55
・モーニングルーティン⑥ 朝食をとる……56
・私の定番の朝ごはん……57
10. 夜は「就寝前に美と健康の底力を養う」ための時間……59
・ナイトルーティン① 夕食後、2時間くらいのんびりする……60
・ナイトルーティン② 入浴する……60
・バスタイムのルーティン……61
11. 睡眠の質を上げる黄金ルール……64
・睡眠のルール① 入浴は就寝の2時間前……65
・睡眠のルール② 夕食では炭水化物と食物繊維をしっかりとる……66

・睡眠のルール③ 日付が変わる前にベッドに入る……67
・睡眠のルール④ 寝室に加湿器・空気清浄機を設置する……68
・睡眠のルール⑤ 自分に合った寝具を活用する……68
・睡眠のルール⑥ ベッドに入ったらスマホは見ない……69
12. 腸活オタクが美と健康を極める……70
13. 美人は1日にして成らず、まず3週間続けてみる……76

Chapter 2 憧れを叶える「輝く肌と髪」のつくり方

14. 肌の輝きは「美白」よりも「潤い」で決まる……82
15. 汚れを落としつつ、潤いは守る洗顔術……88
16. 肌トラブル、困ったときにはこの対処法……92
・対処法① 毛穴には「レチノール」「ピーリング」「ビタミンC」……93
・対処法② 美白には「ナイアシンアミド＋ハイドロキノン＋グルタチオン」……95
・対処法③ 乾燥・シワには「セラミド」「コラーゲン」……97
・対処法④ 肌荒れには「ビタミンE＋ビタミンC」……97

17. 若顔・老け顔を分ける「顔の下半身」を意識する……99
18. 「高級エステを月1」よりも「手ごろな美顔器を毎日」……103
19. 月1の「攻めの集中ケア」で美の底力を上げる……106
・酵素風呂――体を芯から温め、腸内環境改善に役立つ……106
・ハーブピーリング――古い角質を取り除き、肌質改善につなげる……107
・美容鍼――顔の筋肉をほぐし、劇的ビフォア&アフターに……108
20. 「頭皮」は「顔の皮膚」の延長としてケアする……111

Chapter 3

モチベーションが上がる「弾けるボディ」のつくり方

21. バスタイムは、自分をめいっぱい甘やかす時間……120
・バスタイムのルール① 入浴剤を入れる……122
・バスタイムのルール② 湯船に浸かる……123
・バスタイムのルール③ ボディは手で優しく洗い上げる……124
・バスタイムのルール④ スクラブでひじなどの角質ケアをする……125

・バスタイムのルール⑤ ボディの保湿は「バスルーム内」で始める……127

22. むくみ・ハリ・固太り――「脚の悩み」はこう撃退する……129

・むくみの基本対策① 入浴後の脚のマッサージ……131
・むくみの基本対策② 就寝前の軽い筋トレ――足パカ……132
・むくみの基本対策③ 起床後と就寝前のストレッチ……132
・むくみ潰しの秘策① マッサージガン……134
・むくみ潰しの秘策② 圧迫バンド……135
・むくみ予防には「塩分控えめ」「グルテンフリー」……135
・脚のハリ・固太りには「マッサージ」などを……137

23. 「整体・リンパマッサージ」でボディケアは万全……139

24. ボディメイクは「ピラティス＋筋トレ」がベスト……141

・メリハリボディをつくる宅トレ① フレンチプレス（背中）……145
・メリハリボディをつくる宅トレ② 逆腕立て伏せ（背中）……145
・メリハリボディをつくる宅トレ③ ヒップリフト（お尻）……146
・メリハリボディをつくる宅トレ④ ブルガリアンスクワット（お尻・脚）……147

Chapter 4
賢い食生活で体の中からきれいに

25. 栄養を学んで自炊を好きになる……150
26. 普通のサラダを「最強の美容食」に格上げするルール……156
27. 夜こそ炭水化物を食べる……161
28. 避けるべきものは「我慢する」のではなく「置き換える」……164
29. 食欲爆発を抑える「超低カロリー間食」……168
30. 副菜までスキなく「美容食」に変身させる時短レシピのヒント……171
・時短&美容レシピ① 白身魚のフェンネル風味……172
・時短&美容レシピ② 山芋のクミン炒め……173
・時短&美容レシピ③ アスパラガスのターメリック炒め……174
・時短&美容レシピ④ フェンネル風味ブロッコリーの蒸し焼き……175
31. 外食で迷ったら、「和食の定食屋」を選ぶ……176

Chapter 5

きれいを完結させる「メイクアップ＆ヘアメイク」

32. メイクの時間は、今日1日に向けて気持ちを高める時間……180
33. 「光」を味方につけるツヤ肌ベースメイク術……183
・ツヤ肌ベースメイクのルール① メイク前にしっかり保湿する……184
・ツヤ肌ベースメイクのルール② パウダー、ハイライトを効果的に使う……184
34. 人も幸運も引き寄せる多幸感メイク術……187
・多幸感メイクのルール① 目元が明るいこと……188
・多幸感メイクのルール② ほおに血色があり、ふっくらして見えること……188
・多幸感メイクのルール③ 機嫌の良さそうな唇を作る3つのポイント……189
・多幸感メイクのルール④ 光を味方につけて目をキラキラさせる……190
・多幸感メイクのルール⑤ 肌に柔らかさがあること……191
・多幸感メイクのルール⑥ 眉毛の太さが顔に合っていること……192
35. メイクの「色」「形」は自分に、「手法」は流行に合わせる……194
36. 「骨格診断」「パーソナルカラー診断」はコスパがいい……198

37. 目元は「素を活かしつつ適度に盛る」と失敗しない……202
38. まつ毛・アイラインの角度、カラコンで印象を使い分ける……204
39. メイク直しの必須アイテム……211
・瞬時のメイク直し術①　肌の色みを整える——カラーコンシーラー……211
・瞬時のメイク直し術②　テカリを抑える——パウダー＆パフ……213
・瞬時のメイク直し術③　アイシャドウの崩れ——マスカラ……213
・瞬時のメイク直し術④　肌の乾燥——リップクリーム……214
40. 「健康な髪」でなくてはスタイリングも決まらない……215
・きれいに見せつつ髪を傷めるスタイリング剤を見抜く……219
・長さ＆目的別、髪の巻き方……220

ブックデザイン／原田恵都子（Harada＋Harada）
構成／福島結実子（アイ・ティ・コム）
装画・本文イラスト／新木しょうご
DTP／エヴリ・シンク

序章

“自分史上最高に美しいあなた”に出会うために

1. 自分磨きとは「自分との絆」を深めること

なぜ私は自分磨きを続けているのか――。顔も体形も美しくなりたいから、というのはもちろんですが、もっと根源的には、**自分磨きをすることで「自分との絆《きずな》」が深まると感じているからです。**

自分を磨くには、当然ながら自分と丁寧に向き合う必要があります。

毎日、自分の肌や体、心の状態をしっかり見つめて、「どうしたらもっと健康になれるだろう?」「どうしたらもっときれいになれるだろう?」と考えながら、大切に扱ってあげる。

こんなふうに丁寧に自分と向き合うことで、日々、自分との絆が強くなっているなと思うのです。

誤解のないように言い添えておきますが、これは、今の自分にダメ出しをしながら、「もっと健康にならなくちゃ。もっと美しくならなくちゃ」と念じているということではありません。

他の誰かと自分を比べたり、流行ばかりを追い求めたりすることでもありません。常に自分自身に目を向け、あくまでも自分基準で「よりよくなるための判断」を繰り返してきたので、私には、実は「こうなりたい」という憧《あこが》れの人もいないのです。

「今の自分が大好き、そんな自分をもっと素敵に輝かせるためには、どんなことをしてあげたらいいだろう？」

というのが日ごろの私の意識。そして、自分磨きをするほどに、こうした自己肯定的、自己信頼的な意識がさらに強まると感じています。

世界に2人と存在しない大切な自分を、まず自分自身が大切に扱ってあげることが、自信を持って生きることにつながっていると実感しているのです。自分を磨くことで安心を得られる、メンタルが整う、そう言ってもいいかもしれません。

人間は生まれた瞬間から年をとっていきます。まだ若いのに何を言うのかと思われるかもしれませんが、これは誰にも等しく与えられている事実です。生まれた瞬間から年をとることに例外はありません。

年齢を重ねるごとに知識や経験が積み重なり、人間としての深みが増していく。とても素晴らしいことだと思います。現在、20代後半に差し掛かったばかりの私ですが、30代、40代の自分に会えることが今から楽しみでたまりません。

その一方、生きているだけで心身に様々なストレスがかかるので、何も手をかけないままでは、どんどん衰えていくのも事実です。モノが屋外に放置されていると、みるみる汚れ、やがては朽ちていくように。

決して加齢を否定するわけではなく、年を重ねつつも、ずっと美しく健やかでいられるように、できるだけ自分に手をかけてあげる。

しかも、「いつから始めても、**やれば必ず成果が返ってくる**」というのが自分磨きのいいところです。

「今の自分」が出発点ならば、あとはもう、手をかければかけるほど、よりよくなっていくだけ。そう考えたら、ちょっとワクワクしてきませんか。

やるのとやらないのとでは大きな差が出ることを、すでに私は身をもって知っています。だからこそ私は、この先もずっとずっと、自分を磨いていきたいのです。

2.

いつも上機嫌、だから よいご縁も運も引き寄せられる

自分なりに試行錯誤しながら、より健康に、より美しくなれるようにと自分に手をかけてきた今、つくづくと感じていることがあります。

まず、自分自身に「食もスキンケアもボディケアも『きちんとする』という生活習慣」を保つ意識があるから、たとえば「むやみに人に合わせたせいで生活が乱れる」みたいなことはほとんどありません。

誰にも振り回されずに、常に自分の美と健康のための行動をとることで、さらに自分との絆が深まっているなと感じています。

そして何より、自分磨きをしていると精神が安定し、いわば「自分ひとりでも立っ

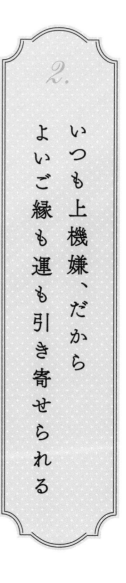

ていられる自信」が身につくので、いつも上機嫌でいられるのです。

よく「自分の機嫌は自分でとろう」と言いますが、自分磨きをしていると、自分の機嫌を自分でとる必要もなくなる。なぜなら、ほとんど不機嫌になることがないから——という感じです。

もちろん時には嫌な目に遭うこともあります。でも、ちょっとやそっとの出来事では気持ちは揺れませんし、不機嫌にもなりません。たとえば、女性の方たちは恋愛となるとなぜか自分に自信がなくなりがちで、「嫌われるのではないか」「自分には見合わないのではないか」などといった相談もよくフォロワーさんからいただきます。しかし自分磨きを怠らずにいると相手の言動にいちいち左右されることなく、不思議なことにどんな状況になろうが恋愛で病んだり自尊心を削《そ》がれることもなくなるのです。

嫌なことがあっても、「私のひじは今日もツルツルだしな」「お尻《しり》が上がっていてスキニージーンズが似合うしな」と思うと、たいていのことには動じずに乗り越えられます。背筋を伸ばして笑顔で堂々と歩けます。

言い過ぎだと思われそうですが、私はけっこう本気でそう思っているのです。

また、いつも上機嫌だと、誰に対しても感じよく振る舞えます。

友人や仕事相手だけでなく、ドラッグストアの店員さんやタクシーの運転手さんなど、通りすがりの人たちにも。そのおかげか、ショップでちょっとした耳寄り情報を教えてもらえたりなど、日々、接する人たちを通じてトクをすることも多いのです。

仕事でクライアントさんの苛立《いらだ》ちを感じたときなども、動じずに建設的な対応ができます。こちらが冷静に機嫌よく仕事をするので、先方も、すぐに機嫌を直して前向きな気持ちを取り戻してくれます。

もし先方の苛立ちに巻き込まれて自分まで不機嫌になっていたら、うまくいかないことが山積みになってしまうでしょう。

また、上機嫌の人のところには上機嫌の人が集まるようで、私の周りは常にポジティブなオーラでいっぱい。特に私と同じ美容系インフルエンサーの方々は、やはり常日ごろ自分を大切に扱っているからなのか、みんないつも上機嫌です。

その中で、いわゆる成功者には上機嫌な人が多いな、とも感じています。自分自身が上機嫌であるだけで、たとえば年上の素敵な女性実業家の方にかわいがってもらえるなど、よいご縁に恵まれることも多いのです。

しかも、自分から強いて人脈を求めたり、無理に人と付き合ったりせずとも、自然とよりよい方向に人間関係が広がっていくのです。これも自分磨きの大きな効果だと感じています。

3.
「今の自分」に目を向けるほどに「未来の自分」が輝く

私にとって自分磨きとは、心地よく楽しく続けるもの。

たとえば1日の仕事を終え、夕食を済ませて入浴している間、いつも私はウキウキ・ワクワクしています。

といっても、もっときれいになっている「未来」に対してではありません。**大好きな自分を大切に扱っている「今」という時間にワクワクする**のです。

自分磨きを心地よく楽しく続けていくためには、「結果を求めすぎないこと」も大切だと思っています。

もちろん、もっと美しく、もっと健康になりたいから自分磨きをするのですが、結果ばかり求めるのは、今の自分を見ているようで見ていない、ひいては、ないがしろにすることにつながりかねません。

私自身、自分磨きにストイックになりすぎて、つらくなってしまった時期もありました。学生時代には友だちと遊ぶことを優先するあまり、自分磨きがおろそかになっていた時期がありました。

その後、とある会社にインターンとして入社し、美容メディアの立ち上げに携わったあたりからふたたび自分磨きに目覚め、「心地よく楽しく続ける」というちょうどいい程度も身についてきました。

みなさんにも、何よりもまず「今このとき、自分を丁寧に扱っている」というところに幸せを感じながら、自分磨きをしていってほしいなと思います。

すると、もっと自分自身に目が向くようになります。

ちょっとした変化や不調にも気付けるから、よりきめ細かなケアもできるようになるでしょう。こうして「自分との付き合い」が上手になればなるほど、もっときれいになれるチャンスが増えるというわけです。

自分との付き合いは一生のこと。「今このとき、自分を大切に扱っていること」自体に幸せを感じられると、そんな「自分と共に生きている感覚」がどんどん磨かれていきます。

それが結果として、「未来の自分」が輝くことにつながっているのです。

4.「時間を使う」とは「寿命を使う」ということ

「時は金なり」という言葉がありますが、**時間は「自分の命」**であると私は考えています。自分に与えられた時間を「寿命」と言い換えれば、時間を使うのは「寿命を使う」ということですから。

そう考えてみると、たとえば惰性でお酒を飲んだり、何となくダラダラとテレビやSNSを見たりすることは、寿命を無駄遣いしているも同然のように感じられます。「時間＝自分の寿命」を、まず自分のために使わずして、いったい何のために使うのだろうかと思ってしまうのです。

仕事に家庭にと、誰もが毎日、忙しくしていることと思います。「忙しすぎて自分磨きに割く時間なんてない」という声もよく耳にします。

生活するためには働かなくてはいけません。家族や友人たちとの時間も、もちろん大切です。

すべて自分が生きていくために必要なこと。でも、**自分さえそのつもりになれば、自分磨きの時間は捻出《ねんしゅつ》できるもの**だと思います。

まず「時間は命」という意識で毎日の過ごし方を振り返ってみると、どうでしょう。意外と惰性で何かをしている時間はないでしょうか？

のんびりする時間も必要ですが、無駄にダラダラと過ごして「ああ、またやってしまった……」と後悔して自己評価を下げるくらいなら、マッサージや筋トレをする。たとえ5分でも毎日やれば必ず体は変わります。

また、自分磨きの時間を確保できないほど自分を忙しくさせている業務や雑務を、少しでも軽減、効率化できる方法はないでしょうか？

たとえば家事に追われているのなら、たまには家事代行サービスを頼むのもアリだと思います。

仕事でも、時には電車ではなくタクシーを使えば、パソコン仕事なら移動中に済ませられます。私も、よくタクシー車中を「即席オフィス」と見なして、一気に雑務を進めたりしています。

このように外部の力を借りることで浮いた時間を、自分磨きに充てるというのはどうでしょうか。

外部の力を借りようと思うと、たしかにお金は少しかかります。でも、お金よりも自分の命である時間のほうが大切です。多少のお金を使って時間を節約できるのなら、それはまったく無駄遣いではなくて、費やす価値のあることだと思うのです。

自分磨きをするという意識があれば、ほんのちょっとのスキマ時間すらも無駄にはなりません。

「今日は少し空き時間ができそうだな」と思ったら、あらかじめ読みかけの本を持って出る。音を出しても大丈夫そうな場所で時間が空いたら、スマホの言語学習アプリで英語や韓国語を勉強する、など。

私はボディメイクの意識が高まっているときは、トイレに行ったときに、スクワットを左右10回ずつ行うこともあります（もちろん、混雑しているときなどはやりませんが……）。

5. 自分磨きにSNSを利用する

SNSは情報収集や、自分の美容・健康意識を高めることにつながる有益なツールにもなりえます。惰性で眺めて時間を浪費するか、自分磨きに役立てるかどうかは、SNSとの付き合い方次第と言っていいでしょう。

私が普段使っているSNSは、YouTube、X（旧Twitter）、Instagram。それぞれ次のような感じで使っています。

【YouTube】

化粧品のエビデンスや成分の解説に時間を割いている美容皮膚科の先生や、愛用品を詳しく紹介してくれている美容系インフルエンサーのチャンネルを定期的にチェックしています。

また、本の内容を要約してくれているチャンネルなどもおすすめです。活字を追う時間を捻出するのはややハードルが高いかもしれませんが、動画と音声であれば、たとえば家事をしているときや料理中に流し見することができる上に、本来なら何時間もかけて習得する知識をたった10分、30分程度でインプットすることができます。さらに深掘りしたいと思ったら、その本を実際に自分で読んでみるのもいいですよね。

【X（旧Twitter）】

ポジティブな意識や感情になれるアカウントと、有益な情報を発信しているアカウントしか見ません。逆に、いつも何かを非難しているアカウント、不倫や浮気などの不幸話をネタにしているアカウントなどもXには多いのですが、そのようなネガティブアカウントは、容赦なくどんどんミュートしています。

Xで美容に特化したアカウントを新設するのもおすすめです。そこでは有益な美容情報を発信しているアカウントだけをフォローすれば、自然と質のいい情報が自分のところに集まるようになっていくでしょう。

そして素敵な人が実践していることは、どんな小さなことでも真似してみる。なかには骨格やパーソナルカラーをプロフィール欄に書いているアカウントもあるので、自分と同じ骨格やパーソナルカラーの人の「似合う服」「似合う色」はすごく参考になりますし、すぐにでも真似できます。

すでに自分なりの美容法やファッションを確立していても、ずっとそれだけでは停滞してしまうかもしれませんし、自分自身が飽きてしまいます。

そこで思い切って、SNSでフォローしている人の真似をしてみると、「新しい自分」に出会えます。自分磨きが停滞したときに「新しい風を取り入れるツール」として使えるのも、SNSのいいところです。

【Instagram】

アカウント独自の世界観や発信している情報をひと目で理解しやすいことがInstagramの最大のメリットだと私は思っています。参考にしたい人のリアルな私生活をストーリーで見たり、画像や文字などを通して視覚的に情報を得られるので、全

SNSの中で一番、自分のライフスタイルに落とし込みやすいのではないかと感じています。ただし、いわゆる「映《ば》え」が試されるツールであるInstagramでは、人は「自分のキラキラした一部分」だけを投稿しているに過ぎないことを理解しておく必要があると思います。それでも落ち込んでいるときや孤独を感じているとき（特に夜中）に見ると、嫉妬《しっと》や劣等感などのネガティブ感情に襲われてしまうこともあるので、基本的にポジティブな気持ちのときにしか見ないと決めておくといいでしょう。

放っておくと種々雑多な情報が舞い込んでくるSNSでは、特に、見ると凹《へこ》むようなアカウントはミュートすることが大事だと思っています。

また、普段はポジティブな意識や感情にさせてくれるアカウントでも、自分のメンタル状態によっては落ち込む原因になりかねません。

私だってSNS上では「完璧《かんぺき》な美容オタク女子」として投稿していますが、現実の私は、実はそうとは言い切れません。

帰りが遅くなった日など、お風呂《ふろ》に入るのが面倒で（睡眠時間を削るのが嫌で）メイクだけ落として寝てしまうこともあれば、朝、バタバタしてしまってメイク不完全の芋っぽい顔のまま出かけてしまうこともあります。あとはドラマにハマって夜更かしをしたり……。誰だってそんなものだということをわかったうえで、ちょっとメンタルが弱っているときにはＳＮＳを見ないようにする。

ただでさえ落ち込みがちな日に、さらに落ち込んで眠りにつくのは自分をいじめるようなものなので、**特に夜中はＳＮＳを見ないほうがいい**と思います。つい見てしまわないように自分を制限することも、ＳＮＳの上手な使い方です。

6. 美容をがんばっている理想の自分として発信！

SNSでは情報を収集するだけでなく、自分から発信するのもおすすめです。

「今日はスキンケアでこれを試した」「今日は筋トレを30分がんばった」――たとえば、こんなちょっとした発信をするだけでも、意識やモチベーションが上がり、もっと知識を蓄えたり、新しい方法を試してみたりと行動力が激増します。

私にとっても、SNSで発信することと自分磨きをすることは切っても切り離せないものです。ここまで「美容オタク」になったのも、不特定多数の人たちに向けて発信を始めたからだという実感があります。

私のアカウントは情報系アカウントですから、当然ながら「情報」を求められます。そして情報を発信するには、常に美容や健康の情報にアンテナを張って、化粧品の成分や食材の栄養素を勉強したり、いろいろな商品を試したりする必要があります。

Ｘ（旧Twitter）にいる「タフ子《こ》ちゃん」は、いってみれば私が理想とする**「完璧な美容オタクの女子」。その理想に少しでも近づけるように、現実の私が日々、情報収集や勉強や実践をがんばっている、**という感じなのです。

もし「タフ子ちゃん」という設定がなかったら、日本化粧品検定を受けることも、栄養についてたくさん勉強することもなかったかもしれません。

そういう意味では、私のようで実は私ではない「タフ子ちゃん」は、私を一番引き上げてくれる存在です。

ＳＮＳの匿名性については批判も多いですが、「罪のない匿名性」ならば、まったく問題はないでしょう。

名前やアイコンを自由に設定できるＳＮＳは、「理想の自分」を存在させることができる自由な空間。

そう考えて、まずSNS上に「自分磨きをめっちゃがんばっている理想の女の子」を存在させて、その子になりきって発信してみるのもいいのではないでしょうか（もちろん虚言はよくないので、あくまで目標や達成したことを書き出す場にすることを推奨します）。

すると「現実の自分」が無意識のうちに、その「理想の自分」に合わせていくような感じになって、内側からも外側からも、いっそう自分磨きがはかどると思います。

7. 支出は「浪費」か「投資」かで考える

ずっと心地よく楽しく自分磨きを続けていくには、「お金の使い方」も重要です。いくら自分磨きが大切とはいっても、無限にお金をかけることはできません。よくマネー本などでも言われるように、その支出は「浪費」なのか、それとも「投資」なのかと意識することは、自分磨きにおいても欠かせないと思います。

では何が浪費で、何が投資なのか。私は「将来的なリターンがあるかどうか」を基準として、こんなふうに区別しています。

・**浪費**——ネイル、ヘアカラー、コスメ試し買い、洋服、ジュエリー（宝石は別）、外

食（心が満たされる相手との外食は別）

・投資――スキンケア、髪質改善、筋トレとピラティスのジム、本、美容医療、健康的な自炊

並べてみると、浪費は「その場限りの楽しみや癒《い》やし」である一方、投資は「将来的に、より美しく、より健康になることにつながるもの」であることが見て取れるかと思います。

といってももちろん、すべての浪費を排除しているわけではありません。ネイルもヘアカラーも大好きなので、「これは浪費。それでもしたいから、するんだ」と納得したうえでお金を使うようにしています。

投資なら投資、浪費なら浪費で、すべてのお金の使い方に自分の意思を通わせ、決して惰性ではお金を使わないように心がけているということです。

もちろんなかには、意識的に避けている浪費もあります。

たとえば、リストにもある「洋服」です。そもそも今では物欲がほとんどないので

すが、特にファストファッションの洋服を私はほとんど買いません。**自分磨きをしていると、何となく大量生産、大量消費のモノは自分に着せたくなくなってくるのです。**

いくら流行に乗ったデザインでも、生地や縫製の質は、見る人が見ればわかるものでしょう。あまり質のよくない服を着ていたら、「肌はピカピカだけど、装いでは手を抜く、そういう人なんだ」などと見くびられかねません。

せっかく努力して磨いた自分が、そんなふうに見られるなんて、もったいないし悔しいと思いませんか。

かといって、ハイブランドの洋服を買い集めているわけでもありません。

学生のころはブランド品への憧れが多少はあったのですが、自分磨きをしているうちに、そういう欲も不思議なことにどんどん消えていきました。今では自分が本当に着ていて心地よく、気に入っている良質な服を長く着続けるという感じです。

8. 3ヶ月で体形、半年で肌と髪、1年でオーラが変わる意識を

自分磨きは長い道のりです。私にとってはライフワークです。

長い道のりとはいえ、「やれば必ず成果を得られる」のが自分磨きのいいところ。手をかければかけるほど、体は応《こた》えてくれる。そう信じて、「今このとき」に自分を大切に扱っていることに幸せを感じながら、自分磨きをしていってください。

ひと口に自分磨きといっても、たくさん方法があります。

何から始めたらいいだろうかと迷った場合は、「**自分磨きで達成したいことリスト**」を作って、それらに特化したケアをしていくといいでしょう。順番をつけて、1つずつ習慣化していくのもおすすめです。

それでも迷ってしまった場合は、次のリストを参考にしていただければと思います。自分自身の体験から私が考える**「これさえやっておけば、見違えるほどきれいになれる」リスト**です。

①マイナス点のない肌にする

ものすごくピカピカでなくてもいいから、まずは乾燥、肌荒れ、ニキビなどのマイナス点を克服します。まず人の目に入るのは「顔」であり、肌は、自分の印象を決める第一関門です。**自分の顔が輝いて見えるかどうかは、第一に肌の状態によると言っていい**でしょう。

②髪を意識的に整える

まず乾燥を防ぐこと。コントロールできていないクセ毛などは、きれいに見えるように工夫したり、改善したりします。私自身、昔はクセ毛でしたが、ストレートパーマをあてて、髪の毛を落ち着かせてから「美人だね」と褒めてもらえることが増えました。外見の大きな面積をしめる髪の毛は、やはり重要です。丁寧なケアを心がけるべき点と言えるでしょう。

③まつ毛を育毛する

ダメージが大きい「まつ毛エクステ」をしているのなら、なるべくやめる。そして「まつ毛用育毛剤」や「まつ毛用美容液」によるケアを習慣づけ、**自まつ毛で勝負で**きるようにしていきます。

④意識せずともきれいな姿勢を保てるようにする

姿勢は見た目の印象を大きく左右します。体全体がスッと引き上がっているだけで、やせていなくてもスタイルがよく見えます。お金をかけてパーソナルトレーニングなどに通わなくても、まず1日10分程度の宅トレを習慣づけるだけで、やがて大きな違いが出てきます。

⑤歯のホワイトニングをする

美しい笑顔は美人の必須《ひっす》条件。笑ったときに、ふと見えた歯が真っ白だと、それだけで印象がよくなります。少しお金はかかりますが、印象が劇的に変化することを考えれば、それだけの価値はあると思います。

⑥歯列矯正をする

歯並びが悪い人は、もしかすると、それだけで笑顔の印象がワンランクダウンしている可能性があります。100万円単位のお金がかかる歯列矯正は、気安くおすすめできるものではありませんが、それこそ「投資」だと思って取り組んでみる価値はあると思います。

では変化を感じられるまでには、どれくらい？　というと、私の体感では、**まず「3ヶ月で体形」が変わります。**ゆるやかにダイエットするとしたら、1ヶ月に2〜3キログラムほど体重を落とすことが可能です。また、筋トレに関しても個人的には1ヶ月ほどでお尻の持ち上がりやお腹の引き締まりを感じたため、さらに3ヶ月あれば体のラインはかなり変わります。今日からクリーンな食事と運動習慣を始めるのであれば、3ヶ月後のあなたの体に期待することができますね。

この次に「**半年で肌と髪**」**が変わります**。

肌のターンオーバーは約28日間とされており、1ヶ月単位で少しずつ変わっているはずです。丁寧なケアやターンオーバーを正常にする努力を粘り強く続けていれば、半年後には、たしかな変化として感じられるのです。

また、主に「ケラチン」というタンパク質からできている毛髪は、いわば「死んだ細胞」です。もちろん、質のいいコンディショナーなどで「今あるヘアダメージ」を補修することはできますが、根本的に髪質改善をするには、頭皮ケアで「これから伸びてくる毛髪」にアプローチする必要があります。

その変化が表れてくる目安が、だいたい半年ということです。

そして「**1年でオーラ**」**が変わります**。**まず肌が輝きだし**、**髪が輝きだし**、それらに伴って**表情や醸し出す雰囲気が変わっていく**、という感じです。

現に1年前の自分の写真と今の自分の写真を見比べると、1年前のほうが何だか芋っぽい（笑）。それに1年前のほうが1歳若いはずなのに、今のほうがきれいだなと思います。毎年そう思います。ということは、1年ごとにより垢抜《あかぬ》け、より磨かれているということなのでしょう。

同じことが、きっとみなさんにも起こります。

本書で書かれていること——具体的な手法には向き不向きがあるとしても、自分磨きに対する私の意識や態度、行動を参考に美容・健康習慣を身につけていけば、1年後、今と比べて見違えるほどきれいになった自分に会えるでしょう。

Chapter 1

美と健康の土台をつくる習慣術

9. 朝は「1日を美しく、活動的に過ごす」ための時間

1日を美しく活動的に過ごす。朝は、そのスタートダッシュを切る時間です。とはいえ、朝は1日で一番バタバタする時間帯でもあります。そのなかで美しく活動的に過ごす土台をつくるには、どうしたらいいか？　そんな視点から確立されたのが、このモーニングルーティンです。

・モーニングルーティン① 目が覚めたら勢いよく起きる

スマホのアラームが鳴って、目が覚める。アラームを止めた流れで、何となくInstagramを開く――身に覚えのある方は多いのではないでしょうか。

でも、朝一番にＳＮＳを見なくてはいけない理由なんて１つもありません。ＳＮＳを仕事道具としている私ですら、朝イチでＳＮＳをチェックする必要はないのです。

だから、**私はアラームを止めると同時くらいに勢いよく起きる**ことにしています。

そうすることで、無意味にダラダラすることなくすぐに動くことができるのです。

ここで、１日の活力の第一のスイッチが入ります。思い返せば、大学の受験勉強をしていたころ、朝、ガバッと起きると勉強がはかどると実感してから続けている習慣です。

・モーニングルーティン②　白湯《さゆ》を飲む

美と健康のために、私がもっとも重視していると言っても過言ではない「腸活」。その重要なファーストステップとなるのが、「起きぬけの白湯」です。

季節を問わず、白湯をふうふう言いながら飲むと胃腸が温まり、働き出すのが感じられます。**白湯を飲んでいなかったころと比べると、はるかに肌の調子がよく、体内がよく循環しているようにも感じられるので、欠かせない習慣になっています。**

「鉄瓶で沸かす」「温度は必ず何度」といったこだわりはありません。普通のやかんで適当に沸かして、マグカップに注いで飲むだけ。細部にこだわって継続できなくなるよりも、「いい加減」に手を抜いて継続できたほうがずっと有益です。

・モーニングルーティン③ 洗顔↓日焼け止め↓軽く整髪

朝は時短のために、泡で出てくるポンプ型や、泡立てる必要のないジェルタイプで、日中の紫外線の影響を軽減してくれるビタミンC配合の洗顔ソープを使っています。絶対に肌をこすらないように優しく洗ったら、ティッシュで軽く押さえるようにして水滴を取ります。タオルで押さえる方法もありますが、それだけでも摩擦や柔軟剤の影響で肌にダメージを与える気がするので私はティッシュを使います。

次に化粧水などで肌を整え、この流れで日焼け止めを塗ります。外出する日はさらにメイクをしますが、**外出予定がない日でも必ず日焼け止めは塗ります**。窓から入る紫外線を浴びただけでも肌の日焼けや乾燥につながるからです。**日焼け止めも、毎日、必ず。朝のルーティンに組み込んでしまえば塗り忘れることはありません。**

さらにこの流れで、髪の毛も軽く整えます。髪の毛がモサモサのままだと、ぜんぜん気持ちのスイッチが入りません。前髪を整え、全体に軽くアイロンを通す。**髪をち**

ょっと整えるだけでシャキッとして「今日も1日がんばろう」と思えるのです。

・モーニングルーティン④　サプリメントを飲む

日ごろ食事内容には気を遣っていますが、どうしても食べ物だけではとれない栄養素はサプリメントで補っています。毎日のことだから、朝のルーティンに組み込んでおくと飲み忘れを防ぐことができます。

ちなみに現在、飲んでいるのは玄米酵素、リポソーム型のビタミンC、グルタチオン、セラミド、マルチビタミン、亜鉛、NMN（強力なアンチエイジング効果があるとされる成分）の7種です。

・モーニングルーティン⑤　読書をする

急に美容とは関係のないものが入り込んで、びっくりされたかもしれません。でも、「美しさは外見だけではつくられない」と思っている私にとって、内面を磨くことも自分磨きの一部なのです。

そのなかでも一番大切にしているのが、知識・教養を身につけること。何もインプットしないままでは、どんどん頭が衰える気がします。ただ、1日が始まってしまうと、なかなか読書の時間を取れない……。そこで朝のルーティンに読書時間を組み込んでしまうことにしたのです。

「朝食前に読む」というのも実はポイントです。

何を食べようと食後は血糖値が上がるため、朝食後よりも前のほうが頭がスッキリしていて集中でき、本の内容が頭に入ってきやすいのです。また、ここで軽く脳を働かせておくことで、朝食後、すんなりと仕事頭に切り替えられる気もしています。

朝の読書時間は10分程度。5分くらいの日もありますが、ゼロ分、ゼロページでは知識の蓄えはゼロのまま。だから1ページでも3ページでも読むことができればよし、としています。

•モーニングルーティン⑥ 朝食をとる

朝のルーティンの最後は朝食です。朝食をとるべきか、とらざるべきか。両方の説がありますが、これは個々人の体質によるところも大きいのでしょう。私は朝食をとったほうが体によさそうだと、自分の体を通して感じているので必ず食べます。

ここまでに、すでに6つものルーティンをこなしているわけですが、1つひとつにかかる時間はわずかです。**起床してから朝食までの時間は、せいぜい30分くらい。流れに慣れてしまえば、そう大変なことではありません。**

・私の定番の朝ごはん

1日の最初の食事である朝食では、「1日のエネルギーになるもの」として、良質なタンパク質を意識的にとっています。

糖質もエネルギーになりますが、私は糖質をとりすぎると頭がボーッとしてしまうので、朝は、とるとしても少量です。たとえば朝食として人気の高いフルーツスムージーは果糖が多く、血糖値が急に上がった後に急降下します。そのため食欲がましてしまうことが多かったので、私は控えるようにしています。次のようにタンパク質や食物繊維の多いものを選ぶと、体だけではなく脳のスイッチもオンになる気がしています。

＊豆乳ヨーグルトにプロテインを混ぜたもの

＊玄米ごはん50グラムと納豆、もずくスープ
＊長芋茶碗《ちゃわん》蒸し（すり下ろした長芋１００グラムに卵1個、しょうゆを適量入れ、ラップをかけてレンジで2分温める）
＊オートミールとサラダチキン

10. 夜は「就寝前に美と健康の底力を養う」ための時間

夜は、十分に心身を休める睡眠にすんなり入ることが第一。夜、寝るまでの時間は、いってみれば「美と健康の底力」を養うための時間です。朝、1日を始めるまでの準備より、夜、寝るまでの準備のほうがずっと手がかかります。

ただし夜更かしは美容の大敵ですから、ナイトルーティンを完遂するために就寝時間を遅らせるのは本末転倒です。遅くとも日付が変わる前には、ベッドに入るようにしています。そのため、仕事で帰宅が遅くなったときなど、ルーティンをかなり簡略化してしまう日もあります。

・ナイトルーティン① 夕食後、2時間くらいのんびりする

夕食をとる時間は日によって違いますが、遅くとも20時までには済ませるように心がけています。食後はのんびりする時間。YouTubeを見たり、ソファでゴロゴロしたり、本当にダラダラと過ごします。

一般的に、**食後すぐの入浴は消化のためによくない**とされています。食後ののんびり時間には、1日の終わりに頭をオフにしてリラックスすると同時に、食事から一定の時間をおいてから入浴するため、という意味合いがあるのです。

・ナイトルーティン② 入浴する

バスタイムは「今このとき、自分を丁寧に扱っている」ということに一番ワクワクできる時間。私にとっては最高のご褒美タイムです。**入浴中と入浴後は、もうこれ以上ないというくらいに、たっぷりと自分をケアします。**

たまに「夜はお風呂《ふろ》に入らない。朝、シャワーを浴びるだけ」と言う人がいますが、自分磨きのゴールデンタイムとも言える入浴時間がないなんて……。私はピカピカの状態でベッドに入ったほうが気持ちいいし、運気も上がる気がするので、よほど夜遅

く帰宅した日でもない限り必ず入浴します。

湯船に浸《つ》かることも重要です。疲れていると簡単にシャワーだけで済ませてしまいたくなりますが、それでも、**とにかく湯船にお湯を張り、5分でも10分でもいいから体を浸す。**半身浴だと、おへそのラインくらいまで浸かればいいので、お湯は意外とすぐに溜《た》まります。

湯船に浸かるとリラックスできて体がポカポカになり、睡眠の質が上がります。そのうえ、「湯船に浸かる時間を自分のために確保したぞ」という満足感もあり、ポジティブな気持ちで1日を終えることができるのです。

入浴中・入浴後のケア法は次の章で詳しくお話しすることにして、ここではざっと流れだけを紹介しておきましょう。長いルーティンですが、基本は「**悪いもの＝汚れをしっかり落としてから、いいもの＝美容成分を入れてあげる**」ことです。

・バスタイムのルーティン

バスタブに半分くらいお湯を張り、入浴剤（エプソムソルトなど）を入れる

↓メイク落としを優しく顔に延ばし、スチーマーを当てて十分にメイクを乳化させ、

メイク落としとなじませてから洗い流す
↓保湿効果のある洗顔ソープで顔を洗う
↓体と髪を洗う
↓湯船に浸かる（半身浴や温冷浴をすることも）
↓浴室を出る前に、体に水滴がついた状態でインバス専用のクリームを塗る
↓浴室から出て軽く体の水滴を拭《ふ》いたら、化粧水で顔の肌を整える
↓体全体に保湿クリームを塗る、バストマッサージをする
↓顔にパック（これも毎晩！）↓乳液↓クリーム
↓頭皮用の化粧水を頭皮に塗り込み、ヘアミルクを髪に揉《も》み込んでからドライヤーをかける
↓マッサージオイルを使って下半身をハンドマッサージする、もしくは筋膜ローラーやマッサージガンで下半身など気になるところをマッサージする
↓軽くストレッチをする

就寝は入浴後2時間くらいが適切と言われますが、これらのことを丁寧にしている

と1、2時間くらいは軽く過ぎてしまいます。楽しくルーティンをこなしているうちに、寝るのに適したタイミングになるという感じです。

これだけ丁寧なナイトルーティンを設けているのは、「翌朝の肌が柔らかくて潤っている」「脚が軽い」など美容面での効果を実感できるから。それに、夜、寝る前に丁寧に自分を扱ってあげることでメンタルも整い、運気まで良くなる気がします。ルーティンをきちんと完遂してからベッドに入ると、何ともいえず満たされた幸せな気持ちで眠りにつくことができます。すると自然に熟睡できて、それが翌朝、元気よく目覚めることにつながる、という好循環が生まれるのです。

朝、起きた瞬間に体がだるかったり、顔がむくんでいたりすると凹《へこ》みますよね。一気にモチベーションが下がって、仕事にも差し支えてしまうでしょう。

つまり、夜の習慣は、睡眠を経て翌朝につながっているということ。1日を美しく活動的に過ごすためのモーニングルーティンも、その前夜のナイトルーティンがあってこそ効果を発揮すると感じています。

11. 睡眠の質を上げる黄金ルール

睡眠は美容と健康の要《かなめ》です。

睡眠不足だと体がだるくて活発に動けない。頭が働かなくて仕事がはかどらない。判断力が低下する。さらには、顔がむくむ、たるむ、クマなどの影ができる、肌が荒れる――きっと多くの人が思い当たることばかりでしょう。

睡眠不足は食行動にも悪影響を与えます。

睡眠不足が慢性化すると、血糖を調節する「インスリン」というホルモンの感受性が低下し、夕食後の間食欲が高まるという実験結果があります。また、睡眠不足になると食欲を抑制する「レプチン」というホルモンの分泌は低下、食欲を増進させる「グレリン」というホルモンの分泌は増加することもわかっています。

つまり睡眠不足はダイエットには最悪の体内環境を作り出し、無性にジャンクフードが食べたくなる、つい間食してしまう、必要以上のカロリーをとってしまうなど、自分にとって明らかによくない選択をしがちになるのです。

というわけで、睡眠は美容オタクの私にとっても重要なテーマ。よりよい睡眠を得るために私が自分に課している黄金ルールは次のとおりです。

・睡眠のルール① 入浴は就寝の2時間前

私がもっとも快眠効果を感じているのが、このルールです。

きちんと湯船に浸かると体の内部の体温（深部体温）が上がるのですが、スムーズな寝付きと深い睡眠のためには、ある程度、深部体温は下がっているのが理想的と言われています。

入浴後は拡張した毛細血管からどんどん熱が放出され、徐々に深部体温が下がっていきます。それに要する時間が1～2時間とされているのです。

私自身の体感としても、入浴から2時間ほど経つと自然と眠くなってストンと寝付けます。睡眠に適した温度にまで深部体温が下がっているということなのでしょう。

・睡眠のルール② 夕食では炭水化物と食物繊維をしっかりとる

夜はもう活動しないので、ごく軽めに夕食を済ませる人は多いと思います。たしかに食べ過ぎは禁物ですが、逆にお腹がペコペコだと眠れなくなってしまいませんか？私はよくあります。

だから私は、割としっかりと夕食をとるように心がけています。炭水化物は、朝、昼よりも多くとるほどです。

ただし炭水化物をとると血糖値が急激に上がりやすくなり、寝付きが悪くなります。そこで合わせ技としてふんだんにとるのが、野菜、きのこ類、海藻類など。これらに多く含まれる食物繊維には、血糖値の上昇をゆるやかにしてくれる作用があります。

さらに食物繊維は、腸内環境の向上にも寄与します。

大腸は、脳で作られるセロトニンの材料となるトリプトファンを生成し、脳に送っています。そしてトリプトファンを使って作られるセロトニンは、睡眠ホルモンと呼ばれる「メラトニン」の材料となるのです。

腸内環境が悪化するとトリプトファンがうまく作れなくなり、結果的に脳での十分なメラトニンの生成にも差し支えることになるため、睡眠に悪影響が及ぶと言われています。

また、睡眠時には副交感神経が優位になっていることが欠かせないのですが、大腸は自律神経（交感神経と副交感神経）のバランスを保つうえでも重要な役割を担っていることがわかっています。

食物繊維は、**血糖値コントロールだけでなく、腸内環境の改善によってトリプトファン→脳でのセロトニン→メラトニンの生成と自律神経にも関わることで、快眠を叶**《かな》**えてくれる重要成分**と言えるのです。

・睡眠のルール③　日付が変わる前にベッドに入る

まず、十分な睡眠時間を確保できるように、遅くとも日付が変わる前にはベッドに入ります。私の場合は最低6時間、できれば7時間半ほど寝ないと調子が出ません。たいてい起床は7時半くらいですから、7時間半ほど寝るには24時には就寝する必要があるのです。

・睡眠のルール④ 寝室に加湿器・空気清浄機を設置する

7時間半ほど眠るとしたら、約7時間半もの間、肌の保湿ケアができないということです。**就寝前に十分に保湿はしますが、寝室でほどよい湿度を保ってくれる加湿器を設置しておくと、より万全です。**

また、睡眠は脳や体がリカバーするための時間です。空気清浄機を設置し、寝ている間ずっときれいな空気を取り込めるようにしておくことで、脳も体も、無用な環境ストレスがない中で十分にリカバーすることができるでしょう。

・睡眠のルール⑤ 自分に合った寝具を活用する

まず、自分の体に合ったマットレスと枕は快眠に直結する必須《ひっす》アイテム。その他、熟睡効果があるとされるアロマ（ラベンダーなど）や、睡眠用のリカバリーウェアなどの快眠アイテムを積極的に取り入れています。

・睡眠のルール⑥　ベッドに入ったらスマホは見ない

光の刺激はスムーズな寝付きを妨げるため、ベッドに入ったらスマホを見ないほうが快眠を得やすくなります。

ただ私は、このルールは未《いま》だにちゃんと守れていません。SNSは私の仕事道具であり、ごくたまにですが、夜中でも対応しなくてはいけない緊急事態が起こることがあります。だから、ついついベッドに入ってからも見てしまいます。

でもみなさんは、多くの場合、ベッドの中でまでSNSを見る必要はないでしょう。習慣的に、つい見ずにはいられないのなら、「23時を過ぎたらスマホを見ない」「そもそもスマホを寝室に持ち込まない（アラームはスマホではなく目覚まし時計を使う）」など、自分で使用制限をかけるのも効果的だと思います。

12. 腸活オタクが美と健康を極める

美と健康のために、私が睡眠と同じくらい重要視しているのが「腸内環境」です。

大腸では「セロトニン」というホルモンが生成されています。

セロトニンは別名「幸せホルモン」とも呼ばれていますが、それは脳で作られるセロトニンのこと。**大腸で作られるセロトニンは、それとは別で、主にスムーズな便通に必要なぜん動運動を促したり、全身の骨の形成に関わったりしています。**

また、体を病原菌から守る免疫細胞の約5割が小腸に、約2割が大腸にあると言われているほか、近年では「腸脳相関」、つまり脳機能にも大腸が関与していることがわかっています。

先にも述べましたが、脳で作られるセロトニンの材料となるタンパク質の1つ「トリプトファン」も、大腸で作られ、脳に送られます。つまり大腸は材料を提供することで、幸せホルモンの生成に関わっているということです。

脳のセロトニンは睡眠ホルモン「メラトニン」の材料になるため、脳のセロトニンの材料を正常に提供できる健康な大腸は、良質な睡眠に直結していると考えていいでしょう。

もちろん、すでに一般的にも広く知られているように、腸内環境が整っていると便通がよくなり、便通と美容は切っても切り離せません。

毎日、黄土色〜黄色のフカフカのうんちが出るのは、体内のデトックスがきちんと行われている証《あかし》。ニキビや肌荒れのない美肌をつくるためにも、大腸の健康が不可欠です。

これほどまでに**美容と心身の健康に深く関わっている大腸は、「自分磨きのすべての土台」**と言っていいでしょう。

腸内環境を向上させるためには、やはり「毎日、何を食べるか」を意識することが重要です。

大腸の健康は「毎日、ちゃんとうんちを出せるかどうか」にかかっており、「毎日、ちゃんとうんちを出せるかどうか」は、第一に「毎日、何を食べるか」に大きく左右されるからです。そう知ってから、私は「美容オタク」であると同時に、「腸活オタク」にもなりました。

では何を食べたらいいのか。その筆頭は**食物繊維**です。

ひと口に食物繊維といっても、水に溶けない食物繊維（不溶性食物繊維）と水に溶ける食物繊維（水溶性食物繊維）の2種類があります。

ごく簡単に説明すると、不溶性食物繊維は老廃物や有害物質、消化後の食べカスをホウキのように搦《から》め捕ってうんちの形にするもの。うんちのカサを増すことで腸壁を刺激し、うんちを出口まで運ぶぜん動を促します。

水溶性食物繊維は、中性脂肪やコレステロールを搦め捕り、うんちをなめらかにして出やすくするもの。

また、大腸の壁には大きく分けて善玉菌、悪玉菌、日和見菌の3種類の細菌が棲息《せいそく》しているのですが、腸内環境は、7割以上を占める日和見菌が善玉か悪玉か、どちらに偏るかに左右されます。

そこで大腸の善玉菌のエサとなって、腸内環境を善玉菌優位にすることに寄与するのも水溶性食物繊維です。

このように、不溶性食物繊維と水溶性食物繊維は、それぞれ役割が異なるのですが、食物繊維が豊富な食材には、たいてい両方とも含まれています。気になる場合は、次のように割合に注目して選ぶといいでしょう。

・不溶性食物繊維の割合が多い食材――さつまいも、さといも、にんじん、れんこん、ブロッコリー、キャベツ、モロヘイヤ、大豆、玄米など
・水溶性食物繊維の割合が多い食材――ひじき、ワカメ、もずくなどの海藻

こうした食材を毎日の食事に取り入れてみたところ、思っていた以上に劇的に便通がよくなってびっくりしました。ちなみに個人差があるとは思いますが、数ある食物繊維食材のなかでも私が特に便通改善効果を感じているのは、沖縄もずくとリンゴ酢

です。

大腸のペースが整ったのか、今では毎日、ほぼ同じ時間にフカフカのきれいなうんちがスルンと出るようになりました。そして便通の改善と共に肌荒れしづらくなり、寝付きがよくなり、メンタルも安定し……と、腸内環境が整うと本当にいいことずくめなのです。

具体的にはChapter4でお話ししますが、食生活では、食物繊維をとる以外にも大切なことがあります。

そして食生活を整えると、肌も体もメンタルも、すべてが見事に整います。

「美容と健康に寄与するものをとることで心身が健やかになる」というのはもちろんですが、そうした直接的な効果と「自分のために、よりよい選択をしている」という満足感との相乗効果を感じられるので、「良い食生活」は私にとってもはや趣味の一環なのです。

食生活を整えるために心がけたいことはたくさんあります。

でも、まったく恐れる必要はありません。実は面倒なことでもありません。なぜなら、1つでもちゃんとすると、すべてをちゃんとするほうへと、まず意識が、そして行動が、自然に方向転換していくからです。

逆に少しでもジャンクな食生活が続くと、一気に、体に悪い選択ばかりをするように偏ってしまう。

何事もそうかもしれませんが、**特に食生活においては、たとえば「必ず毎日、食物繊維をとる」など、まず1つだけでも「よい選択」をする。**

こうして自分の食の志向そのものを変えていくことが、我慢の苦しみを感じることなく健康的な食事を習慣づける一番のコツだと思います。要は、美容と健康によいものを「食べたい！」と思えるような意識の変化を起こしてしまえばいいのです。

13. 美人は1日にして成らず、まず3週間続けてみる

自分磨きは1日1日の積み重ねです。「早く効果を実感したい」と思うあまり、一気にいろいろなことを実践しようとすると、すぐに疲れてしまって長続きしないかもしれません。

実践は量より質。同時に10個のことを完璧《かんぺき》に習慣づけるのは難しいので、まず1つ、また1つと少しずつ着実に習慣化していくことが、ずっと継続して満足の行く結果を得ていく秘訣《ひけつ》だと思います。

「人は何かを3週間続けると、習慣化できる」と言います。まずは本書のなかで一番ハードルが低くてすぐに実践できそうなものを、さっそく今日から3週間、続けてみ

てください。

私も、本書で紹介する習慣を、最初からすべて身につけたわけではありません。

思い返すと、毎朝、白湯《さゆ》を飲んでサプリを飲むことから始めました。

そこから、起きる時間、寝る時間、スキンケアの流れ、食習慣、ボディケアの流れ、ヘアケアの流れ、運動習慣、朝のルーティン、夜のルーティン、定期的にプロの施術を受ける習慣、モチベーションアップのためのSNS発信……と、試行錯誤も重ねつつ、自分にいいと感じたことを1つずつ増やしてきたのです。

習慣化というのは、いってみれば、歯磨きをするくらい当たり前で、「取り組んでいる感」がない行動として身につくということです。

つまり、1つのことを習慣化してしまえば、それはもう何も考えなくてもできるようになっているので、次に何かを習慣化するときにも「取り組んでいる感」があるのは1つだけ。習慣を増やすたびに大変になるわけではありません。

それでいて、3週間に1つずつとすれば、1年後には約17もの実践が新たに習慣づいている計算になります。小さな一歩ずつでも、続ければ大きな前進になる。これが積み重ねることのすごさです。

私は自他ともに認める「美容オタク」ですが、本当に美しくなるには、見た目を磨くだけでは不十分だという考えもあります。

もちろん外見を重視しているからこそ毎日、肌を磨き、体形を整えているわけですが、美しい肌や体形は、いわば高級なアクセサリーのようなもの。結局のところ、「見えないところで培われる自信」ほど最強なものはないと思うのです。

見えないところで培われる自信の源になるものとは、たとえば部屋がきれいに片付いている、勉強を怠らずに知識を蓄えている、他人に誠実である、自分との約束を守っている、結果はともあれ後悔のない選択をしている……といったこと。

こうしたことで培われる内面的な自信は簡単には揺るぎませんし、実は「密《ひそ》かに自分を誇れていること」こそ一番の精神安定剤です。

また、目に見えるところでも、肌の輝きや体形の美しさと同じくらい重要なのは「所作」だと思います。

スッと背筋の伸びた美しい姿勢、失礼にならない範囲での適時・適度にくだけた話し方、落ち着いた声のトーン、相手の目を見て話しつつも、3秒以上は見つめない快適な視線。さらには笑顔や驚いたときの表情まで洗練されている女性は、顔の造形がどうであれ、どこか垢抜《あかぬ》けた上品さをまとうものでしょう。

ファッションなどで垢抜ける方法はたくさんありますが、飛び抜けてコスパがよく、なおかつもっとも効果的な方法は、実は「所作を磨くこと」だったと、あるとき気づいたのです。

肌を磨き、体形を整えることに加えて、所作にまで気を遣うことができたら、それこそ非の打ちどころのない「自分史上最高の美人」が出来上がるはずです。

Chapter 2

憧れを叶える「輝く肌と髪」のつくり方

14.

肌の輝きは「美白」よりも「潤い」で決まる

スキンケアの三原則は「焼かない＝日焼けしない」「こすらない」「乾燥させない」です。

まず「焼かない」が重要なのは、焼けると白い肌でなくなるということ以上に、肌にダメージを与え、老化を加速させるからです。

肌の老化の原因の7割は紫外線ダメージと言われているほどです。日焼けすると紫外線由来のシミ、さらには肌が乾燥することでシワもできやすくなります。

季節を問わず、日光には紫外線が含まれています。対策が必要なのは真夏だけではありません。

室内でも、窓から差し込む日光で焼けてしまう可能性があるため、私は終日自宅で過ごす日もSPF25くらいの日焼け止めを塗ります。**朝のルーティンに「日焼け止めを塗る」が含まれているのも、「紫外線対策は毎日のこと」**だからなのです。

ただし日焼け止めに含まれている紫外線吸収剤は肌によくないので、あまりSPFが高いものを毎日使うのは避けた方がいいかもしれません。

外出時は肌に優しめの日焼け止めに帽子、日傘、UVカット仕様のマスクとサングラスを着ける、といった方法を併用するのがおすすめです。

次の「こすらない」は、肌に摩擦ダメージを与えないためです。

まず、顔にはなるべく触らない。触るとしても、とにかく優しく触れること。

そのために、最低でも次のことを心がけています。

- 洗顔は、たっぷりの泡で包み込むように優しく洗う
- 洗顔後はティッシュ（タオルよりも低刺激）で肌を軽く押さえて水滴をとる
- 化粧水や乳液はまず手の平で延ばし、その手で優しく顔を覆って軽く押さえるよう

にして浸透させる
・保湿クリームや日焼け止めは、延びのいいテクスチャーのものを選び、塗るときは、まずおでこ、ほお、鼻筋、あごにチョンチョンと点状にのせてから、指の腹で優しく顔全体に延ばす
・メイクには良質なブラシやパフを使う

そして最後の「乾燥させない」も本当に重要です。こう言うと肌の保湿ケアのことだと思われそうですが、私は「外側からの保湿」と「内側からの保湿」の両輪で乾燥対策をしています。

まず、「外側からの保湿」について。化粧水、乳液、クリームなどのスキンケアは、多くの人がすでに実践していると思います。

では「パック」はどうでしょう？　特別な日の前だけに行うスペシャルケアとして取り入れている人が多いのではないでしょうか。でも、常に肌を乾燥させないためには、「毎晩、入浴後のパック」が個人的には必須《ひっす》だと考えています。

パックは保湿効果のほか、美白、シワの軽減、肌の赤みの軽減、毛穴引き締め、お

肌の鎮静（ニキビ予防）、抗酸化、抗炎症など、さまざまな美肌効果を謳《うた》ったものが市販されています。代表的な成分を挙げておきましょう。

・ナイアシンアミド――シワの改善、シミ予防、肌荒れ・ニキビ予防
・ＣＩＣＡ――抗炎症、抗酸化、ハリ、肌荒れ・ニキビ予防
・ビタミンＣ――皮脂抑制、毛穴引き締め、メラニン色素の抑制、しわ・たるみ予防

私はパックを何種類も買いそろえておいて、その日の肌の状態によって使い分けています。

また、朝の保湿は完璧《かんぺき》でも、外気は容赦なく肌から水分を奪っていきます。私は、メイクの上からでも保湿できる微細なスプレー式の化粧水をポーチに入れておいて、メイク直しのときや乾燥を感じるたびにシュッとひと吹きしています。

そして先述した通り、夜間は何時間にも及ぶ睡眠中も肌を乾燥から守るために、寝室には加湿器が欠かせません。

さらに、ぜひ意識的に取り入れたいのが「内側からの保湿」です。

先ほどお話しした外側からの保湿は、いわば肌を「乾燥から守る」ため。

一方、内側からの保湿は、「潤った肌をつくる」ため。内側からの保湿で潤い十分な肌をつくり、それを外側からの保湿で守るというイメージです。

もともと潤いが足りていないところに、いくら水分を足しても焼け石に水……、とまでは言いませんが、すぐに乾燥しやすい状態のままだと思います。

自分自身の体験から、肌そのものの潤い力を強化するには、内側からの保湿が欠かせないと感じているのです。

毎日、たっぷりのお水（1リットル以上）を飲むのは基本中の基本。これに加えて優れた保湿成分であるセラミドのサプリがおすすめです。

セラミドのサプリを飲まないと、明らかに肌の潤いが足りていないような体感になる気がするので、私は、毎朝欠かさず飲んでいます。


肌の美しさというと「美白」が思い浮かぶかもしれませんが、実際に肌の美しさを

左右しているのは「肌の潤い」です。

十分に潤っている肌はハリがあって、なおかつ触れるとふわっと柔らかく、色白でなくても透明感があります。そういう肌は光を反射するので、輝いて見えるのです。

そして肌の潤いは生来のものではなく、後から足すことができます。

つまり、美しい肌は生まれつきのものではなく、自分の手でつくっていけるもの。

そのためには、何も高級な化粧品を買いそろえなくても、「成分について学び、長く続けられる価格帯で自分に合っているもの」を見つけられたら十分です。

いつ始めても遅いことはありません。肌のためにできる最低限のこと——今お話してきた「焼かない」「こすらない」「乾燥させない」の3つをしっかり守るだけでも、ターンオーバーの周期である4週間後には、実感できるほどに変わっているでしょう。

15. 汚れを落としつつ、潤いは守る洗顔術

肌に残った汚れは、肌荒れなどを引き起こす大敵です。

メイク落としの順序は、まず、アイメイク専用のリムーバーでアイシャドウやマスカラを落とす。それから顔全体はオイルクレンジングで、メイクを完全にオフします。

ここでも「こする」のは禁物です。クレンジングをたっぷり手に取り、手のひら全体で包み込んで押すように優しく、まんべんなく顔全体に延ばします。

一番理想的なのは、クレンジングを顔に延ばした後に美顔器のスチーマーを当てること。すると、肌の上で洗浄成分とコスメが混ざる「乳化」が起こって汚れが浮き上がり、毛穴に詰まった汚れもすっかり落とすことができます。

これが難しければ、クレンジングを顔に延ばした後、シャワーのお湯で濡《ぬ》らした両手で顔を包み込む、これを7回ほど繰り返します。私もスチーマーを使うのが面倒なときは、この方法をとっています。

クレンジングには大きく分けてオイルとミルクがありますが、私は、その日のメイクの重さによって使い分けています。

しっかりメイクをした日は、オイルクレンジング。コスメにはたいてい油分が含まれているため、オイルクレンジングのほうが油分と馴染《なじ》んでよく落ちます。

ただ、オイルクレンジングは油分との馴染みがいいばっかりに、保持したい皮脂まで落としてしまいがちという難点もあります。

だから、オイルクレンジングなら何でもいいわけではなく、なるべく潤いを残してくれるものを選ぶ。目安は、洗い流した後に肌がヌルヌルせず、かといってキュッキュした感じもなく、「水で洗った後と同じような肌の感触」になることです。

ヌルヌルしているのはオイルの洗浄成分が洗い流されていないサインであり、肌にダメージを与えます。キュッキュした感じがあるのは逆に洗浄しすぎ。これはこれで、乾燥しやすくなるなど肌によくありません。

ミルククレンジングは、軽めのメイクの日に使います。汚れをしっかり落としたいあまり肌を傷つけてしまっては本末転倒ですから、オイルクレンジングを使うのは、しっかりメイクの日だけ。軽めのメイクならば、ミルククレンジングでもしっかり落とせます。

疲れていると、メイクを落とすことすら億劫《おっくう》ですよね。よくわかります。でも、多くの女性にとってメイクは「毎日のこと」。ほんの少しの汚れでも、1日、5日、1週間と、毎日、蓄積されるにつれて、必ず肌に悪影響を及ぼします。将来の肌のためを考えれば、丁寧なクレンジングは絶対に欠かせない習慣なのです。

日によっては、メイクを落とした後にスクラブを使うこともあります。

あご、小鼻など、皮脂やざらつきが気になる部分はシュガースクラブでケアします。スクラブのなかで一番刺激が強いソルトスクラブは、古い角質を除去してツルツルにしてくれるので、ボディのひじ、ひざ、二の腕に使います。

それに対し、刺激がマイルドなシュガースクラブは肌をフワフワに仕上げてくれるので、ボディにもフェイシャルにも使えます。ただし皮膚が薄くデリケートなほおや目元には使いません。

そしてもっとも刺激がソフトなナチュラルシードスクラブは、コーヒー豆やアボカドの種など植物を原料とするスクラブです。古い角質を除去するというスクラブ本来の役割と併せて、抗炎症作用や抗酸化作用を謳ったものなどがあります。その日の肌の状態に合わせて顔全体に使っています。

そして最後は洗顔ソープです。すでにメイク汚れも古い角質もすっかり落とした後なので、強い洗浄力というよりは肌全体を洗い流し、かつ、皮脂を洗い流しすぎないようにマイルドで保湿効果の高いものを使っています。

また、洗顔ネットに洗顔ソープを少しとり、お湯を少量足しながら泡立てていくときめの細かいもこもこの泡が出来ます。もこもこの泡は肌の摩擦を抑えるのはもちろん、洗顔していて心が躍るというワクワク感があるので、私は必ず泡立ちがきめ細かいものを選ぶようにしています。

16. 肌トラブル、困ったときにはこの対処法

自分にとっての「王道のケア法」が確立されていても、いつもそれが通用するとは限りません。

肌の悩みは人それぞれ。そのうえ、日々、肌の状態は移ろうものでもあるので、常に適切なケア法を選べるようになることも大切だと思います。

私も今までに様々な肌トラブルに見舞われてきました。ここで紹介するのは、トラブルが起こるたび、過去に身に付けた知識を総動員したり、新たに調べたりして見つけてきた「こういうときは、こうすればいい」という方法です。

・対処法① 毛穴には「レチノール」「ピーリング」「ビタミンC」

なぜ、毛穴が広がって目立ってしまうのか。ほとんどがターンオーバーの異常が原因であり、ターンオーバーを正常化することで毛穴の悩みは解消できるというのが、実際にいろいろと試してきた私の実感です。

ビタミンAの一種であるレチノールには、ターンオーバーを促す作用があるとされています。「ハリが出ること」を主に謳っている商品が多いのですが、私は毛穴対策にも効果を感じました。

レチノール配合の基礎化粧品は、「朝は使わないほうがいい（紫外線と相性が悪いため）」という条件つきですが、ピーリングよりも作用が優しいという安心感があります。最初はレチノールから試すといいでしょう。

ただ、レチノールはスキンケア成分の中でもかなり刺激が強いものなので、最初は濃度の低いものから試すことをお勧めします。A反応と呼ばれる皮剝《む》けが起こる濃度のものもありますが、基本的に強いレチノールは医師の指示が必要です。興味のある方は、美容皮膚科で相談してみてください。

かつてピーリングといえば「ケミカルピーリング」でしたが、現在、市販されているピーリング剤は、もっと肌に優しいソフトな効き目のものが多くなっています。石鹸《せっけん》のように洗い流すタイプや、化粧水のようにコットンに取って拭《ふ》き取るタイプのものもあります。こうしたケアを3日に1回など定期的に取り入れると、かなり毛穴が目立たなくなるはずです。

私はTゾーンやあごは皮脂が多く、それ以外の部分は乾燥しがちないわゆる〝混合肌〟なので、基本的にピーリングやスクラブは皮脂量の多いTゾーンとあごのみに使用しています。乾燥しやすいほおなどに頻繁に使うと刺激が強く赤みが出てしまうためです。

皆さんもぜひ、ご自身でも試してスクラブやピーリングが必要な箇所、不要な箇所を研究してみてください。

ちなみに、**ピーリングは古い角質を剝《は》がすことでターンオーバーを人為的に促すものなので、正常なターンオーバーが崩れてしまっているオイリー肌の人にもおすすめ**です。

ビタミンCに期待できるのは、毛穴を収斂《しゅうれん》させる作用です。ほかにメラニン生成抑制やシミの淡色化作用による美白効果や、コラーゲンの材料となってハリを出す作用などもあると言われています。

ビタミンCは美容にプラスになることばかりですが不足しがちな栄養素なので、特に毛穴が気になっているわけでなくても、化粧品やサプリで補ってみると1ヶ月後にはその違いに驚くはずです。

・対処法② 美白には「ナイアシンアミド＋ハイドロキノン＋グルタチオン」

ナイアシンアミドは優れた保湿促進成分として知られていますが、メラニン色素の生成を抑える作用により美白にも効果的とされています。また、個人的にはビタミンEの入った化粧品と併用すると肌のトーンが上がったのを体感しやすい気がします。

特に美白を気にしていない人でも、強力な保湿成分であるナイアシンアミドを基礎化粧品として使用することで、お肌の透明感を実感できるでしょう。

ハイドロキノンは、強力な美白作用が期待できることから「肌の漂白剤」とも呼ばれています。

ハイドロキノンを塗った状態で紫外線を浴びると炎症を起こす可能性があるため、日中は使わないか、帽子や日傘でしっかり紫外線をガードすることが推奨されています。

このように注意点は多いのですが、「肌の漂白剤」と呼ばれているだけあってシミにダイレクトに作用し、薄くしてくれます。

肌への刺激が強いものが多いので、特に敏感肌の人は下手に市販品に手を出さず、皮膚科医と相談しながら慎重に取り入れたほうがいいでしょう。

グルタチオンは強力な抗酸化作用により、高い美白効果があるとされています。美容先進国の韓国ではグルタチオン配合の美白化粧品も珍しくないのですが、日本では、サプリメントで内服するのが一般的です。

同じく、抗炎症作用により美白効果が期待できるのはトラネキサム酸なのですが、血栓の原因になりうるというリスクがあります。そのため血栓の既往症がある人やピルを飲んでいる人は服用しないほうがいいとされています。

こうした点を考慮しても、特に禁忌事項のないグルタチオンは取り入れやすいといえます。私の周りの美容意識の高い人たちの間でも「透明感が出た」「明らかに肌の色が明るくなった」など、グルタチオンのサプリは圧倒的支持を集めていますし、美容大国の韓国でも、今最も注目されている成分のひとつなのです。

・対処法③　乾燥・シワには「セラミド」「コラーゲン」

肌の乾燥対策については、本章の最初に「スキンケアの三原則」の1つとして触れました。そこではセラミドを推しましたが、**より乾燥対策を強化するなら、何を措《お》いても肌の組成に欠かせないのがコラーゲン**です。

コラーゲンのサプリメントや、コラーゲンドリンクを飲むことを習慣にするといいでしょう。個人的にはドラッグストアでよく見かけるようなコラーゲンドリンクでも、十分潤い効果を感じます。

・対処法④　肌荒れには「ビタミンE＋ビタミンC」

肌荒れとは肌が炎症を起こしている状態ですから、抗炎症作用のある成分で改善につなげることができます。

私が愛用しているのは、抗炎症作用があるとされるビタミンEのクリーム。ビタミンEと相性がよく、様々な美容効果（ハリ出しやシミ解消）を期待できるビタミンCも配合されているものです。これさえ塗っておけば肌荒れしないと実感しています。

また、ビタミンEはアーモンドに豊富に含まれているので、サラダのトッピングに砕いた素焼きアーモンドを取り入れたりして、食品からも補っています。

17. 若顔・老け顔を分ける「顔の下半身」を意識する

目元のシワやたるみなども老けた印象をつくりますが、一番影響するのは鼻から下、つまり「顔の下半身」です。

不思議なことに、ほうれい線が目立たずほおやあごがたるんでいなくてスッキリしたラインが保たれていると、少しくらい目尻にシワがあっても若い印象になるのです。

そんな顔の下半身を鍛えるために私が実践しているのは、**笑顔トレーニング**です。「イーーーッ」と歯を出して唇を横いっぱいに一直線にしながら、目を見開く。するとロ角が上がり、ほおも引き上がることでほうれい線の部分が伸びます。ほおやあごのたるみにもアプローチできます。

口角が下がっている人の笑顔は、たとえ目鼻立ちがはっきりした美人顔でも、あまり素敵ではありません。

今ご紹介したのは、もともと笑顔トレーニングなので、これを繰り返すと自然に口角の上がった美しい笑顔を作れるようになります。そのうえ顔の下半身を鍛えることにもつながるのですから、一石二鳥のトレーニング法ですよね。

また、目元のシワに効くようにつくられているアイクリームですが、実は使っていいのは目元だけとは限りません。

とにかく手強《てごわ》い目元のシワを狙い撃ちするために、ナイアシンアミド、レチノール、ヒアルロン酸などの優秀な保湿成分をふんだんに配合したアイクリームは、あらゆるシワに高い効果が期待できます。ほうれい線が気になるという方は、ぜひ目元に塗るついでに口の上の憎い溝にもお裾分《すそわ》けしてあげてください。

少しお金がかかりますが、ＥＭＳ（筋肉に電気刺激を与えて活性化を促す）などの美顔器を自宅に導入して習慣的に口周りを引き上げるのもおすすめです。

顔の下半身を鍛える笑顔トレーニング

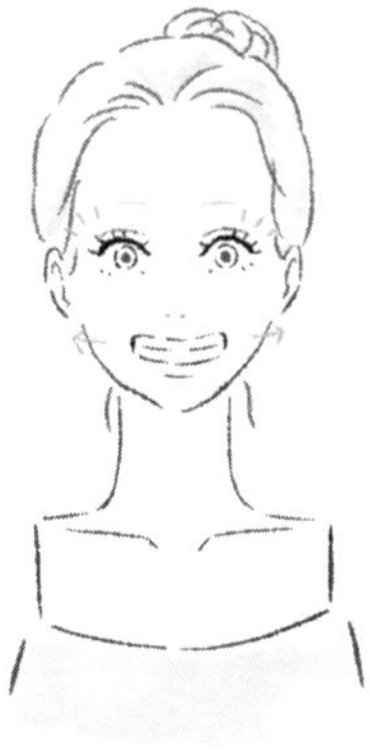

これら自宅での対処法に加えて、私は定期的に専門家の力も借りています。

顔の下半身の引き上げに一番おすすめなのは**美容鍼**《ばり》です。凝り固まった顔の筋肉をほぐし、表情筋の動きを改善することで、下へ下へと働いてしまう筋肉を抑制してくれる作用があります。

美容鍼のビフォア&アフターを比べると、目に見えてほうれい線が薄くなり、ほおもグイッと引き上がっています。さらに表情が動きやすくなったり顔の余白が減った感じがするなど、毎回、即効かつ絶大な効果を実感しています。

ほうれい線のできやすさは骨格でも分かれるようで、私は、まだ20代半ばでも比較的目立ちやすいほうだと思っています。

そう自覚しているからこそ、ほうれい線が決定的に深いシワに発展しないよう、笑顔トレーニングとアイクリームは毎日、ＥＭＳ美顔器は週１回実践し、さらに美容鍼にも月１回のペースで通っています。

18.「高級エステを月1」よりも「手ごろな美顔器を毎日」

高級エステは、たしかに質がよく効果も高い施術をしてくれます。一方、最近は、家庭用の美顔器もかなり性能が高く、美容クリニック並みの機能を備えたものが販売されています。

たいていのエステは、1回あたり最低でも1万円ほどはかかります。もっとかかる場合も珍しくありません。そこに月1回のペースで通うか、それとも美顔器を毎日使うかを比較したとき、断然後者の方が費用が安く、お手軽で、魅力的だと思いませんか？

家庭用美顔器の機能は様々、価格帯は上を見ればキリがありませんが、2～3万円のもので十分です。2～3万円というと、エステなら2～3回通っておしまい。でも美顔器は、一度買ってしまえば毎日でも使えます。

メーカーの綿密な実験と厳しい検査を経たものしか売られていないはずなので、2～3万円で一定の効果を期待できるならコスパはかなりいいと思います。

様々な家庭用美顔器のなかでもマストで持っておきたいのは、肌を水蒸気で温めてふっくらさせてくれるスチーマーです。しつこいようですが、美しい肌をつくるために一番重要なのは「潤い」だからです。

スチーマーを使うとメイクの汚れが落ちやすくなるし、肌を温めて血行促進したほうが化粧水などの有効成分の浸透もよくなります。

夜の入浴時にスチーマーを使ってメイクをしっかり落とす。そして入浴後にもスチーマーを使って化粧水などをしっかり肌に浸透させる。このように「汚れオフ」「有効成分オン」の両方で大活躍してくれるのがスチーマーなのです。

より効果的に化粧水を肌に浸透させたいのなら、イオン導入美顔器がおすすめです。

スチーマーにも化粧水をミスト状に噴射する機能つきのものがありますが、浸透という点ではイオン導入器のほうが格段に上です。

化粧水や美容液を手で肌に塗布すると、多くが手の肌に吸収されてしまうという説もありますが、イオン導入系の美顔器を使用することで化粧水泥棒への心配は無用になります。有効成分をイオン化し、ダイレクトに肌に届けることができるのです。

また、「顔のたるみ」が気になっている人には、少し価格帯は高めなのですが、先にも触れたEMS美顔器がおすすめ。微細な電流で顔の筋肉を刺激し、フェイスラインをスッキリと引き上げてくれます。最近では頭皮に使えるEMS美顔器も注目されていますよね。頭皮は顔の皮膚とダイレクトにつながっているので、頭の方からアプローチしてみることもおすすめです。顔の筋肉は動かさないとどんどん衰えてたるみやゆがみの原因になってしまうので、美顔器に頼れる部分はどんどん頼って少しでも重力に抗《あらが》っていきましょう。

19. 月1の「攻めの集中ケア」で美の底力を上げる

毎日のセルフケアはしっかり続けつつ、私は、月に1回「攻めの集中ケア」も取り入れています。現在、主に通っているのは「酵素風呂」「ハーブピーリング」「美容鍼」の3つです。

・酵素風呂《ぶろ》――体を芯《しん》から温め、腸内環境改善に役立つ

酵素風呂は、ヒノキなどのおがくずや米ぬかの山に体を埋《うず》めるというもの。これらに棲息《せいそく》する微生物が発酵する際の熱により、非常に高い温浴効果があります。

熱いお湯に浸《つ》かったときとは違って、じわじわと芯からしっかり体が温まる感じが

たまらなく心地いいです。なんと15分ほど入るだけでマラソン2時間分もの発汗量があるとも言われています。酵素風呂に行った後は、肌の血色がよくなって透明感が増している感じがします。

・ハーブピーリング――古い角質を取り除き、肌質改善につなげる

ハーブピーリングは、古い角質を取り除くことで肌のターンオーバーを促進するという施術。毛穴、ごわつき、赤み、ニキビ、ニキビ痕《あと》などの肌質改善に効果が期待できます。

私は月1ペースで通っているうちに、かなり肌荒れしづらくなりました。

ケミカルピーリングに比べると**肌に優しい天然素材を使用する**ため、**ハーブピーリングは敏感肌の人でも利用できる**と謳われています。

ただし古い角質を人為的に剝がし取ることには変わりないので、極度の敏感肌の方や不安な方は、サロンと相談しながら慎重に取り入れることをおすすめします。

・美容鍼——顔の筋肉をほぐし、劇的ビフォア&アフターに

美容鍼は、顔の筋肉に電気鍼を打って刺激するという施術です。

エラ部分の筋肉などが凝り固まっていると、顔全体が下に引っ張られて老けた印象になってしまいます。美容鍼は顔の筋肉のコリをほぐし、バランスを整えることで、それを改善してくれるのです。

鍼を打っている間は鈍痛がありますが、**施術後は「顔中の筋肉がほぐれた!」という感じで、口やほおが動かしやすくなります。**そして、より自然に口角の上がった柔らかい笑顔、リフトアップ(「顔の下半身」の引き上げによる老け顔予防)、肩こり・首こり改善などなど、うれしい変化の嵐です。

特に食いしばるクセのある人は、顔中の筋肉がこわばっていると思われるので、美容鍼の効果を感じやすいかもしれません。

目の大きさや、ほお、あごの張り方など、顔の左右差が気になる人にもおすすめです。骨格的なものは修正できませんが、筋肉のこわばりから生じている左右差ならば、かなり改善を感じられるでしょう。

そして何より筋肉の衰えやコリは顔の老化に直結するので、老けたくない! とい

う方はマストで顔筋にアプローチすべきだと私は考えています。最近ではスティック状のマッサージ器具などで顔の筋肉をほぐして美容鍼と同じような効果を得られるお手軽な美容グッズも市販されています。通うのが面倒という方はぜひそちらをチェックしてみてください。

また、肌の悩みには美容医療でしか解決できないものがあることも事実です。「今すぐ解消したいけれども、セルフケアでは解消できないマイナス点」があるのなら、先に美容医療に頼るのもアリだと思います。

私にも、実はどうしても解消したいコンプレックスが3つありました。

1つめは、骨格的に「目の下のクマ」が目立ちやすいこと。メイクでは隠しきれず、いつも疲れた印象が出ることが気になっていました。

2つめは、「ほおのホクロ」。ホクロは、自分で気に入っているのならチャームポイントになりますが、私には、どうしても消したいホクロがありました。

3つめはADM（後天性真皮メラノサイトーシス）です。

ADMとは顔の皮膚に現れる小さな点状のシミのこと。

一般的なシミや肝斑《かんぱん》は加齢と共に現れやすくなるのが特徴ですが、ＡＤＭは、逆に20歳前後で発症することが多いと言われています。シミや肝斑は薄茶色、ＡＤＭは薄いグレーと、色の特徴も異なります。

また、シミやソバカスは皮膚の浅い層にできる一方、肝斑とＡＤＭは、もっと深い真皮層にもできるため、美白美容液などで解消するのは難しいと言われています。

この3つのコンプレックスは、美容医療で解消してしまいました。

ホクロはホクロ除去手術、クマは眼窩《がんか》脂肪溶解注射、ＡＤＭはレーザー治療です。

1つ解消するごとに、いつも心をモヤモヤさせていたものがなくなって、一気に気持ちが明るくなりました。

自分でしっかり情報を調べて、専門医と相談することが必要ですが、ときには美容医療を検討してみるのもいいかもしれません。

20. 「頭皮」は「顔の皮膚」の延長としてケアする

シャンプー&コンディショナーは、毎日、同じものを使っていると効果が薄れていく気がします。

有効成分に「慣れてしまう」――というのは科学的に正しくない言い方かもしれません。ただ実感として、最初に使ったときは「これ、すごい！」と感動したのに、だんだん「こんなもん？」と、初回ほど感動できなくなってしまった経験、皆さんにもありませんか？

そこで私は、効果別に3種類ほどのシャンプー、コンディショナーを常備しておいて、毎日、気になる状態に合わせて使い分けています。

たとえば汗をいっぱいかいた日は洗浄力が強めのものを使う、頭皮や髪の乾燥が気になったら保湿力が高いものを使う、という感じです。

そこまでマメに使い分けるのが面倒ならば、1ボトルを使い切るごとに別のものを試すという方法でもいいと思います。

美容の世界はどんどん進化しています。ヘアケア用品も次から次へと新製品が発売されているので、「これ」と決めたものをずっと使い続けるよりも、いろいろと試したほうが、より美しくなれるチャンスが広がると思います。

といっても手当たり次第ではキリがないので、よくある髪・頭皮の悩み別に成分の系統付けをしておきましょう。

・地肌が弱っている／髪が傷みやすい——アミノ酸系
・髪の毛をふんわりさせたい——ノンシリコン系
・頭皮を毛穴からスッキリさせたい——炭酸系
・髪の乾燥が気になる——オイル配合、ヒアルロン酸・グリセリン配合などの保湿系
・ハリ、コシがほしい——加水分解ケラチン系

ボトルには必ず成分一覧が表示されています。そこをよくよく見て、自分の悩みに応《こた》えてくれるものかどうかを見極める力をつけると、さらに自分磨きがはかどります。

また、ヘアケアを頑張りたい！　と思ったときに欠かせないのがヘアミストやオイルなどのアウトバス製品です。中でも髪を内部からしっかり補修してくれるヘアミルクは私の一押しアイテムです。

使い方は、お風呂で髪を洗った後、キューティクルが開いている状態の髪にヘアミルクを揉《も》み込むだけです。

特におすすめなのは、髪の毛を構成するタンパク質の一種「ケラチン」が配合されているヘアミルク。いろいろ使いましたが、ケラチン配合のものが一番、髪の内部補修効果が高いと感じています。

保湿を重視するなら、保湿成分である「えんどう豆タンパク」が配合されているヘアミルクもおすすめです。

さて、お風呂から上がったらスキンケア、ボディケア、それから髪を乾かします。

乾燥を防ぐため、髪の毛に風を当てる時間は短いほうがいいので、ドライヤーで重要なのは速乾性です。

髪の毛のキューティクルが開きっぱなしだとダメージを受けやすくなります。ドライヤーのかけ方の理想は、温風で水分を乾かし、冷風でキューティクルを閉じる、というのを5~10秒ごとに繰り返すことです。

私は温風と冷風が自動的に切り替わるドライヤーを使っていますが、手動で切り替えるのが面倒だったら、最初は温風で乾かし、最後に冷風を当ててもいいでしょう。

キューティクルは根本から毛先に向かってウロコ状に重なっているため、冷風を当てるときは頭頂から当てるようにします。すると、頭頂部の短い髪の毛がぴょんぴょん立つ「アホ毛」を押さえることもできるのです。

髪の乾燥や傷みが気になると、まずオイル系のヘアケア剤に目が向きがちかもしれません。でもオイル系の本来の役割はコーティングですから、ヘアミルクに重ねて使うのが正しい使用法です。

ひとつ使い方を間違えると、オイル系は、かえって髪が傷む原因になりかねません。

油を引いたフライパンを、カンカンに熱したところをイメージしてください。油を熱しすぎると食材がすぐに焦げてしまうように、オイル系のヘアケア剤を髪に揉み込んだ後にドライヤーやヘアアイロンを使うのは、髪にものすごい熱ダメージを与えるということなのです。

もしドライヤー前やスタイリング前にオイル系ヘアケア剤を使用するのであれば、ドライヤーなどの熱ダメージから守ってくれるタイプのものを選ぶといいでしょう。個人的には、セットが完了したあとの仕上げとしてオイルを揉み込むと、程よくツヤ感が出てとってもきれいに見えるので、このタイミングでの使用もおすすめです。

また、保湿効果を謳っているヘアオイルは、睡眠中に枕の摩擦ダメージから髪を守ったり乾燥を防いだりしてくれます。ドライヤー後、特に傷みや乾燥が気になる毛先などに塗ることで、さらに一歩美髪に近づくことができます。

これで就寝前のヘアケアのルーティンは完了ですが、もう1つ、就寝してからも髪を守るために使っているものがあります。

それはシルクのナイトキャップです。

睡眠時間を7時間ほどと仮定すると、髪は毎晩、7時間ほどにもわたってゴシゴシと枕にこすりつけられていることになります。これでは、せっかくヘアミルクでケアし、オイルでコーティングしても摩擦ダメージを防ぎきれないでしょう。

シルクはコットンなどよりも摩擦率が低く、髪の摩擦ダメージ低減になります。

私は普段シルクのナイトキャップを使用しているので、毎朝起きたときに髪がツルツルまとまっているのが当たり前でした。ところが、驚いたのが、あるホテル泊の日に普通の枕カバーで眠った翌朝の髪の毛。なんと見違えるくらいバッサバサだったのです……。

そこで私は、髪にとってシルクがいかに重要なのかを再確認しました。いま普通のコットン製の枕カバーで寝ているという方は、シルクのナイトキャップや枕カバーを使用するだけで、その違いに唖然《あぜん》とするはずです。

頭皮は、実は顔の皮膚よりも乾燥しやすいそうです。

それなのに、頭部で気にかけているのは髪のことばかりで、「頭皮の保湿」を意識している人は少ないのではないでしょうか。

でも、頭皮は髪の毛が育つ土壌です。健やかな髪には健やかな頭皮が必要不可欠ですから、ずっと美しく豊かな髪を維持するには、頭皮ケアがマストなのです。

考え方は顔の肌と同じ。「**汚れや老廃物を落とす→洗う→いいものを入れる**」の三段構えです。

汚れは、まずヘッドスクラブでしっかり落とします。そしてシャンプー&トリートメントをしたら、頭皮専用の化粧水で潤いを補給します。私は髪の毛をタオルドライした後、ドライヤーをかける前に、頭皮用美容液を揉み込むようにしています。

また、**頭皮も顔の皮膚も**、同じく「**頭蓋骨《ずがい》に張り付いている皮膚**」です。要するに、**頭皮は「顔の皮膚の延長」**なので、血行改善やたるみのケアも、**顔だけでなく頭皮から行うと効果が高くなる**でしょう。

私は、毎日、頭皮用化粧水を揉み込みながらマッサージしたり、思い立ったらシャンプー時にヘッドスパ美顔器を使ったりしています。

さらに、特に頭皮のコリを感じたときにはヘッドスパサロンに行くこともあります。頭皮がほぐれるのが純粋に気持ちよいのはもちろんのこと、施術後はびっくりするくらい頭が軽く、目の大きさも段違いに変わっているのです。

皆さんもぜひ、今すぐ五本の指の腹で頭皮をグッと押してみてください。「なんだか硬いな」と思ったら頭皮が凝り固まっているサインかもしれません。それはすなわち伸び代があるということ……！　今日からでも頭皮マッサージやケアを始めてみてください。

Chapter 3

モチベーションが上がる「弾けるボディ」のつくり方

21.

バスタイムは、自分をめいっぱい甘やかす時間

加齢による変化は誰も避けられません。どれほどケアしていても、いつまでも20歳のような肌を保つことはできませんし、髪だって年齢と共に衰えていくものです。

でも、よく「肌は劣化するけれども筋肉は劣化しない」と言うように、ボディは、ある程度は自分の努力次第で維持できるはず。

キュッと引き締まっていて、重力に負けず引き上がったボディは、年齢によらず、いつまでも自信をくれるに違いありません。ボディの肌の潤いやツヤも、もちろん若々しさに直結しています。

だから私は、ボディのお手入れにも余念がありません。ボディケアをしている時間

は、スキンケア以上に「自分を大切に扱っている」感が強く、なんともいえない幸せに包まれると言ってもいいくらいです。

特にバスタイムでは、「いつもありがとう」という気持ちを込めて自分の体をケアします。それが楽しくて仕方ありません。ボディは、いつまでも自信をくれるものだからこそ、今のうちから、ちゃんと丁寧に扱いたいのです。

バスタイムは「自分を丁寧に扱う最良の時間」。体をしっかり温めて今日1日の疲れをとり、快眠へとつなげる時間であり、また「未来の溌剌《はつらつ》としたボディ」の土台をつくる時間でもあります。

特に体をしっかり温めて疲れをとることによる快眠効果は、私にとっては劇的なものがあります。

アロマキャンドルを灯《とも》したり、入浴剤を使ったりと「遊び」や「癒《い》やし」の要素も取り入れやすいバスタイムは、自分をめいっぱい甘やかすのにもっとも適した時間でもあると言っていいでしょう。

私の自宅のバスルームにずらりと並んでいる入浴剤、シャンプー&コンディショナー、ボディソープは、すべて自分の実感で選びぬいた精鋭たち。それらを眺めながら、毎晩、「今日は何にしようかな」と考えるだけでワクワクします。

ではバスタイムにどんなことをしているのかというと、こんな感じです。

・バスタイムのルール① 入浴剤を入れる

一番よく使うのはエプソムソルトです。「ソルト」といっても、白い結晶状の見た目が塩に似ているだけで、実体は「硫酸マグネシウム」というミネラルです。高い温浴効果による代謝アップ、デトックス、美肌づくりなどが期待できます。

何よりエプソムソルトを使ってみてすぐに感じたのは、お風呂《ふろ》に入ると速攻で体がポカポカすること。あまり時間がない夜でも手っ取り早く体を温められるので、とても重宝しています。

次によく使うのは、美容成分が配合されている入浴剤。これひとつで、お風呂が「浸《つ》かる美容液」に変わります。しっかりボディを保湿したいときや、ボディの肌荒れを感じたときは、こうした積極的なケアに切り替えています。

また、温浴効果や美容効果はさておき、単純に香りを楽しみたいときはアロマ系、美容モチベなど気持ちを高めたいときは泡風呂と、その日の気分で入浴剤を選ぶこともあります。

先ほども言ったように、バスタイムは「自分を丁寧に扱う最良の時間」ですから、こうして自分を労《いたわ》ったり楽しませたりする手をいくつも用意しています。

・バスタイムのルール② 湯船に浸かる

ずっとお湯に浸かっているのは、実はあまり得意ではありません。それに、お風呂上がりにもスキンケアやボディのマッサージなど、いろいろとやることがあります。そのため、**必ず湯船には浸かりますが、時間的にはそれほど長くはありません。湯温は40~43度くらいで、時間は長くてもトータル30分程度。**5分くらいごとに水シャワーを浴びる温冷浴や、半身浴をすることもあります。半身浴のときは上半身が冷えないように、肩にタオルをかけます。

時間がないときや疲れすぎているときは5分だけの全身浴で済ますことも多いですが、湯船に浸かった日とそうでない日とでは明らかに睡眠の質が違うと感じます。どんなに気が乗らなくても、5分だけでも湯船に浸かる方が、湯船にまったく浸からず入浴時間を減らすよりも結果的に疲れが取れやすいのです。

・バスタイムのルール③　ボディは手で優しく洗い上げる

ボディソープは、高い保湿効果と殺菌力があるハチミツ成分配合のものを使っています。ただ、機能重視で1種類だけを使っても気分が上がらないので、香りの違うものをいくつか常備しています。

たとえば美容のモチベを上げたいときや女子力を高めたいとき、セルフケアをしている自分に浸りたいときは、バニラ系の香りのボディソープ。

リラックスしたいとき、癒やされたいときはラベンダー系の香りのボディソープ。

考えごとをしたいときや、「これから本を読むぞ」というときはウッド系の香りのボディソープ。

香りのインプットは脳にダイレクトに届く気がするので、その日の気分やニーズに合う香りを選ぶと、バスタイムがいっそう充実感に満たされるのです。

ボディを洗うときは、タオルは使いません。以前はタオルでソープを泡立ててゴシゴシと体を洗っていたのですが、なんだか肌が荒れる気がしました。以来ずっと、その日に選んだソープを泡立てた手で優しくなでるように体全体を洗っています。ただし1箇所、デリケートゾーンだけは、ごく優しい洗い上がりで保湿効果も高い専用のソープを使います。

治療のことを「手当て」と言うように、手で触れることは「癒やし」に直結していると思います。

自分の手で直《じか》に、まんべんなく体をなでることで、単に肌荒れを防ぐだけでなく、いっそう自分を丁寧に扱っているように感じられる。これも、タオルを使うのをやめて手で洗うようにしてよかったと思う点です。

・バスタイムのルール④ スクラブでひじなどの角質ケアをする

ボディソープで体全体を洗い上げたら、ピンポイントでスクラブを使います。

ひじ、二の腕、ひざの3箇所、かかとは、放っておくとすぐにガサガサになりやすいので、ソルトスクラブで古い角質を除去します。

これらの部位は、強いて見ようと思わないと自分の目には入りませんが、人からは実は丸見えです。

せっかく顔の肌がピカピカでも、ひじがガサガサ、二の腕がブツブツしていたら台無しです。洋服で覆い隠される季節ならばともかく、ノースリーブや半袖《はんそで》を着る季節は、かなり人目についていると考えたほうがいいでしょう。

これはひざやかかとも同じです。ミニスカートを着たときに見えるひざが黒ずんでいる。サンダルを履いたときに見えるかかとがカサカサしている。これでは、おしゃれの効力も半減してしまいます。

いつ出しても大丈夫なように、季節を問わず、ひじ、二の腕、ひざ、かかとはツルツルにしておきたいもの。「かさつきやブツブツが気になったらケアする」のではなく、バスタイムのルールに「スクラブで角質ケアする」というのも組み込んでしまえば欠かさずケアできます。

おかげで、私のひじ、二の腕、ひざ、かかとはいつもツルツルです。こういう「自分からは見えづらいところ」にまでケアが行き届いている、そんな自分であるということが、自信の底上げにもつながっていると感じます。

・バスタイムのルール⑤ ボディの保湿は「バスルーム内」で始める

最近は、浴室の中で使うボディクリームが市販されています。それを、まだ水滴がついているボディにたっぷりと塗ってからバスタオルで軽く拭《ぬぐ》い、浴室を出ます。

お風呂上がりのスキンケアというと、やはり真っ先にするのは顔の肌だと思います。そうなると、ボディを先にタオルドライする場合、顔のスキンケアをしている間ずっと、ボディは無防備のまま空気にさらされることになります。顔のスキンケア待ちをしている間に、どんどんボディは乾燥していってしまうのです。

それを防ぐために、**まず浴室の中でボディの保湿の先手を打っておく。そして顔のベーシックなスキンケアを終えたら、改めてボディに保湿クリームを塗って蓋《ふた》をする。これで「もう水分を逃さないボディ」になれます。**

このボディの保湿ルーティンを習慣づけてから1週間ほどしたころ、癒やしのためにたまに行っているエステで「体がオイルを弾《はじ》いてます！　どんなケアをしてるんですか？」と驚かれました。

実は、ここまでボディの保湿を入念にするようになったきっかけがあります。

数年前、3歳ほど年下の友人と食事をしていたときのこと。その子の手元が狂ってグラスの水が太もものあたりにこぼれてしまいました。すると、ミニスカートを穿《は》いていたその子の素肌が水を弾いて、きれいな水玉がいくつもできていたのです。

その光景に衝撃を受けると同時に、「私の肌ではそんなふうにならない……」と思ったところから、私はボディのスキンケアにも力を入れるようになりました。

先ほどのエステで言われた言葉は、ボディのスキンケアをがんばったことに1つ合格マークをもらえた気がして、うれしかった覚えがあります。

顔のスキンケアやヘアケアは念入りにしていても、ボディのスキンケアまでは意識が向いていないという人、きっと多いと思います。「そんなにたくさんできない」と思ってしまうかもしれません。

たしかに、自分に多くを課してストレスになるのはよくありませんし、習慣化は1つずつしていったほうが、自分磨きは長続きしやすいでしょう。

ある程度、顔のスキンケアやヘアケアのルーティンが当たり前になってきてから、さらなる美の高みを目指すためにボディのスキンケアにも目を向けてみる、そういう順序で考えれば無理なく取り入れられると思います。

22.

むくみ・ハリ・固太り ―「脚の悩み」はこう撃退する

私はもともとむくみやすい体質です。以前は、朝、起きると顔がパンパン、夕方になるとふくらはぎがパンパン……ということがよくありました。

顔がむくむと目はもったりと重たくなり、フェイスラインも崩れます。下半身がむくむと体形が崩れるうえに、体調も悪くなる気がします。「むくんでいていいことは1つもない」ということには、きっと多くの方が共感してくださると思います。

しかも、むくみが引き起こす問題は一過性ではありません。

冷えるとむくむ、むくむと冷える、そして血流が悪くなって脂肪が燃えづらくなり、セルライトができやすくなるという最悪の悪循環が起こります。それを避けるために、

①入浴後の脚のマッサージ

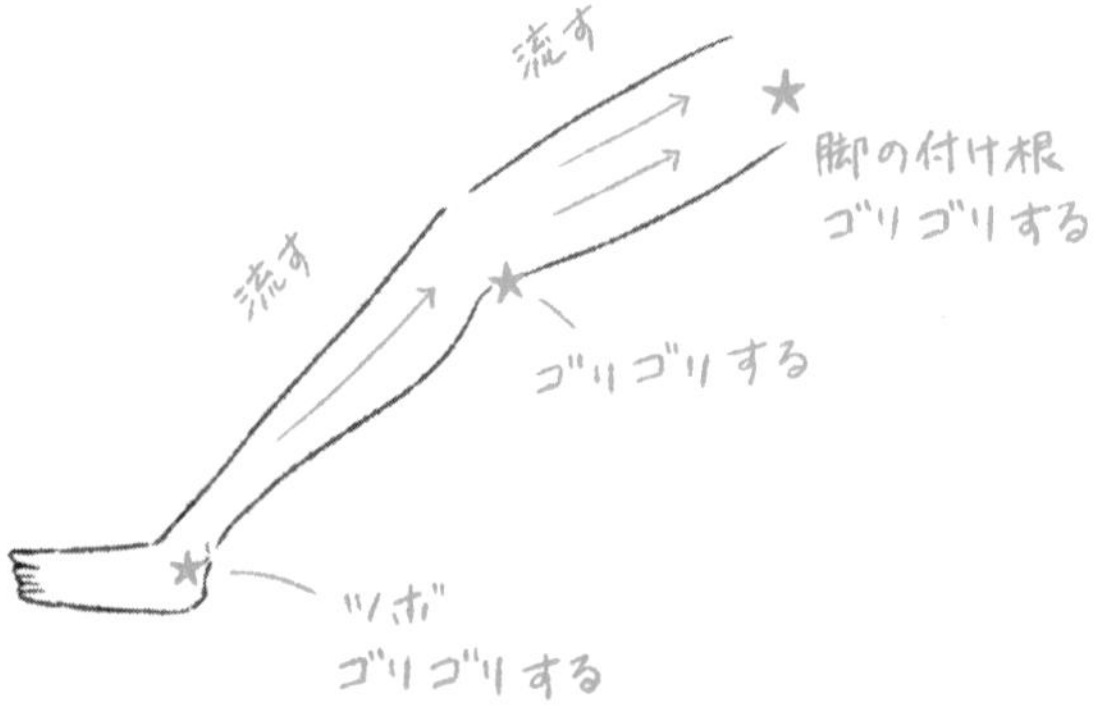

ボディケアの中でも、むくみのケアはかなり徹底的にやっています。

必ず守っている鉄則は、「その日のむくみを、**絶対に翌日に持ち越さない**」こと。「お風呂ではしっかり体を温めることが重要」と繰り返しお話ししてきましたが、これには、むくみ解消の意味合いもあります。

そして入浴後には、マッサージオイルを使って下半身をマッサージし、さらにストレッチや軽い筋トレをしてから就寝します。

マッサージオイルの最近のお気に入りは、脚が細い友人に薦められて使い始めたグレープフルーツ配合のボディオイルです。ふくらはぎ、足首は特に念入りに。すると翌

②ふくらはぎや股関節を動かす「足パカ」

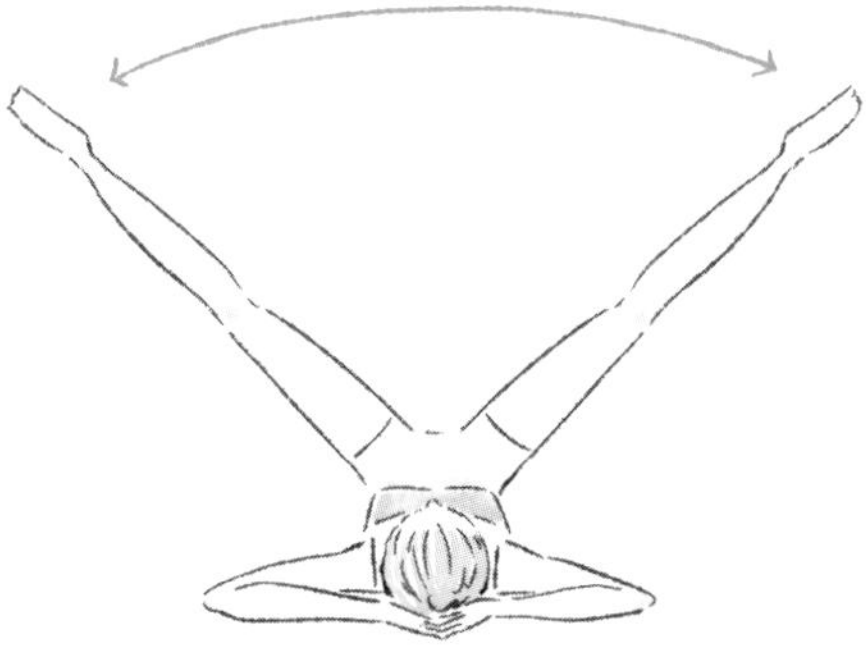

朝、何もしなかったときと比べると明らかに下半身が軽く感じられます。

・むくみの基本対策① 入浴後の脚のマッサージ

一番簡単な脚のマッサージとして、「リンパのつまりを取る足首のツボ（くるぶしの外側）」「老廃物を流す膝裏と脚の付け根」をゴリゴリする（強く押さえる）ことだけ覚えていれば、あとは下から上に押さえながら流すだけなのでとても簡単です。セルフマッサージ法はたくさんあると思いますが、私は続けることが一番大事だと思うので、どんなに時間がないときでもこの簡単な動きを20回はやってから就寝するようにしています。

・むくみの基本対策② 就寝前の軽い筋トレ――足パカ

寝そべった状態で足を真っ直ぐ上げ、左右にゆっくりと開閉する動きを繰り返します。脚が下がりきる寸前で引き返すことがポイントです。

足パカは、脚を上げてふくらはぎや股関節を動かすので血液やリンパの流れが活発になり、余分な水分を押し戻す効果が期待できます。私は「ふくらはぎがパンパンでもうどうしようもない……」というときに足パカをやると、かなりスッキリするので取り入れています。もちろんももの内側や、腹筋、お尻の筋肉も鍛えられますし何より寝ながらできるお手軽さはズボラ女子にはありがたいですよね。

・むくみの基本対策③ 起床後と就寝前のストレッチ

ストレッチをすることで血流がよくなりむくみにくい体になると思うので、私は朝晩起床後と就寝前に3つの動きをします。

四つん這いになり、猫が伸びるときのようなイメージで行う、肩まわりや肩甲骨の

③起床後と就寝前のストレッチ

ストレッチ。寝そべった状態で膝をたて、片方の足首をもう片方の膝上にくっつけたまま太ももごとグイッと上半身に引き寄せる股関節のストレッチ。そして、開脚しながら行う体の側面のストレッチは、腹斜筋を意識することで、くびれに効くことも個人的に体感しています。

これらを毎日の習慣として、さらにプラスアルファで実践していることもあります。自分はむくみやすいと自覚しているからこそ、秘策の手札をいくつか持っておいて、何としても「その日のむくみを、その日のうちに解消できる」システムを構築しているのです。

そんなむくみ潰《つぶ》しの秘策も2つほど紹介しておきましょう。

・むくみ潰しの秘策① マッサージガン

1つはマッサージガンです。太ももやふくらはぎなどをマッサージします。鼠径部《そけいぶ》など太い血管が通っているところに使用するのは推奨されていないようです。

マッサージガンは細かい振動が気持ちよくて、ぜんぜん痛くないのに、しっかり深いところまでマッサージできる感触があるのでおすすめです。

・むくみ潰しの秘策② 圧迫バンド

もう1つは圧迫バンドです。もともとはアスリートが筋肉のリカバリーのために脚などに巻くものなのですが、血流が改善されることでむくみの解消・予防にも役立つと聞いて、取り入れました。

巻くのに少し手間はかかりますが、普通の着圧ソックスよりもはるかに短時間でむくみがとれます。使い始めたころ、もうマッサージは必要ないんじゃないかと思うくらい、ふくらはぎが柔らかくなってびっくりしました。

・むくみ予防には「塩分控えめ」「グルテンフリー」

その日のむくみは、絶対に翌日に持ち越さない。生活していれば、多少なりともむくむのは当たり前ですから、1日の終わりのむくみケアは必要不可欠です。

と同時に、なるべくむくまないような予防策も意識しています。それにより、「ひどいむくみ」を「少しのむくみ」に低減できれば、それだけ解消するのも簡単になるからです。

むくみ予防の鍵《かぎ》を握るのは、やはり食生活です。むくみの元になるものを、なるべくとらないこと。まず、塩分をとりすぎるとむくみやすくなるので、塩分量は1食あたり2グラムを上限としています（体重や体質によって適切な摂取量は変化しますが、一般的な成人女性の摂取量の目安だそうです）。

外食などで塩分摂取量が多くなりそうだと感じたときは、ナトリウム排出作用のあるカリウムを多く含む野菜（きゅうりなど）を意識的に食べる、あるいは尿からの排出を促せるよう、利尿作用のある緑茶を飲みます。

このように、まず塩分をとりすぎないように心がける。そして、とりすぎたら速やかに排出できるようにする。この二段構えで、とにかく余分な塩分が体内にたまらないように注意しています。

もう1つ、むくみ予防につながる食習慣だと感じているのは、グルテン（小麦製品）を避けることです。グルテンには腸内環境を荒らし、体を冷やす作用があるとされています。

たしかに、人によって体感は違うとは思いますが、私は、パンやパスタを食べた日に特にむくみやすいと感じます。その他にもグルテンをとると肌が荒れる、便通が乱れるなどの悪影響が見られるので、なるべく小麦製品はとらないようにしています。

・脚のハリ・固太りには「マッサージ」などを

体液が滞留することで起こるむくみとは違い、脚を硬く太く見せているハリは、使い過ぎによって筋肉が固まってしまっている状態。まず解きほぐすことが、そんなハリ・固太りを解消する第一歩になります。

たとえば先ほど紹介したマッサージガンで、前もも、ふくらはぎをマッサージする。朝晩、前もも、ふくらはぎをストレッチする。YouTubeなどで検索すれば、簡単なストレッチ法がたくさん出てきます。

また、筋膜の癒着がハリの原因になっていることも多いそうなので、毎晩、入浴後に筋膜ローラーで太もも、ふくらはぎをほぐします。私は、これを習慣づけたら、いつの間にか太ももが一回り細くなっていました。

1つひとつは小さなことですが、毎日の習慣とすることで徐々に変わり、気づいたときには、以前とは見違えるほど大きな変化が起こっているものです。

すぐに目に見える変化が起こらないと投げ出してしまいたくなるので、結果を急ぎすぎないことが大事。そのためにも、やはり「今このとき、自分を大切に扱っていること」自体に幸せを感じることが、自分磨きを長続きさせる秘訣《ひけつ》です。

23.

「整体・リンパマッサージ」でボディケアは万全

ボディもフェイシャルと同様に、日ごろのケアを基本として、定期的にプロの施術を受けるようにしています。週に1回くらいのペースで、主に整体とリンパマッサージに通っています。

セルフケアは自分なりにいろいろ研究して実践し、たしかな手応えも感じていますが、やはり自分ひとりでできることには限界があります。

たとえば後述するピラティスでは、左右のバランスがとれた機能的な姿勢を意識的に整えることを覚えました。それでも整体に行くと、やはり背骨や骨盤の歪《ゆが》み、重心の偏りなどを指摘されます。

誰もが日常的な体の使い方のクセにより、骨格のどこかしらが歪んでいるものなのでしょう。無自覚な歪みが、代謝の低下や内臓機能の不調につながる場合もあるといいます。

そうした体の根本的なところを自分の力だけで何とかするのは難しいので、プロの整体師の手で定期的に整えてもらう必要性を感じています。

リンパマッサージに行くと、ビフォア&アフターの違いに、毎回、びっくりします。毎晩、念入りに脚をマッサージしていても、やはりプロの手技にはとうてい敵《かな》いません。

かといってプロの手技だけで何とかしようと思っても、日程的、金銭的に限界があります。何より自分の体のことを誰かに完全に委《ゆだ》ねてしまうのではなく、まず自分自身の手でケアしてあげることが大切だと思います。

あくまでも軸足は毎日の入念なセルフケアに置いたうえで、その効果を一気に底上げして、さらに後押しするためにプロの手を借りる、というのが一番健やかな自分磨きの姿勢でしょう。

24.

ボディメイクは「ピラティス＋筋トレ」がベスト

私は、たくさん汗をかくような激しい運動や長時間の運動は苦手です。

現在は脂肪燃焼にはあまり重点を置いていないので、有酸素運動はほとんどしていません。そんな私がずっと続けているのは、ピラティスと筋トレ。それぞれ1回あたり1時間ほど、通うペースは両方合わせて週2〜3回くらいです。

ピラティスはヨガをベースに確立された体のコンディショニング法。もとは第一次世界大戦の負傷兵のリハビリのために開発された手法だそうです。たしかに「体の機能性の向上」という点で、ピラティスはとても優れていると思います。

体の機能性向上とは、体の各部位を正しい位置、正しい向きで動かせるようになるということ。具体的には、次のような美と健康の底上げ効果を実感しています。

・肋骨《ろっこつ》が締まってくびれができる
・意識しなくてもきれいな姿勢を保てるようになる
・O脚やX脚が改善され、脚が長くなる
・内臓が正しい位置に調整されることで内臓機能が改善される
・インナーマッスルが鍛えられ、体を内側からしっかり支えられるようになることで、疲れにくくなる

ピラティスのさまざまな動きのなかにはトレーニングと言ってもいいようなハードなものもありますが、ベーシックは、背骨や骨盤、股《こ》関節を意識的に動かしながら行うストレッチといった感じです。運動が苦手な人でも続けやすいと思います。

ちなみに、もし金銭的に余裕があれば、効果が上がりやすいのはグループレッスンよりも断然パーソナルレッスンです。グループレッスンだと、どうしてもインストラクターの目が行き届かないため、最大限の効果は得づらい気がします。

普段はグループレッスンでも、せめて月1回くらいはパーソナルレッスンを受けるなど、定期的にマンツーマンで「正しい動かし方」を見てもらう機会を設けたほうが効果を実感しやすいでしょう。効果を実感できれば、継続にもつながります。

ピラティスは、自分の体のポテンシャルを最大限に引き出すもの。一方、筋トレは、気になるところをピンポイントで鍛えて理想的な体に近づくためのもの、というのが私の中での棲《す》み分けです。

筋トレでは、私は主にお尻《しり》と背中を鍛えています。

お尻のトレーニングはスタイルアップの最短ルートかもしれません。比較的早く、大きな変化を実感できます。お尻が上がると脚が長く見え、スキニーやタイトスカートなどジャストサイズの洋服を楽しめるようになります。

背中を鍛えるのは、第一には、体にメリハリをつけて深いくびれを得るため。

特に私の場合は肩幅が狭すぎるので、ある程度しっかりと背中に筋肉をつけることで、よりウエストがキュッと締まって見えます。筋肉という支えができると自然に背筋が伸び、美しい姿勢を保てるようにもなります。

①重りを両手で頭の上にあげる「フレンチプレス」

そしてもう1つ、背中を鍛える理由は代謝をアップするためです。筋肉は代謝（脂肪燃焼）に深く関わっています。なかでも背中は大きな筋肉なので、背中を鍛えると効率的に代謝が上がって「やせやすく太りづらい体」になれるのです。

筋トレにもさまざまなメニューがあって迷ってしまうかもしれませんが、私は、お尻と背中さえ鍛えれば、女性はボディに自信がもてるようになるのではないかと思っています。

ジムに通うのが難しければ、宅トレでも効果を得ることはできるでしょう。YouTubeを検索すればいくらでも出てくると思いますが、私のおすすめをいくつか

②両腕と足で体を支える「逆腕立て伏せ」

紹介しておきます。すべて10回×3セットを目安に行います。

・メリハリボディをつくる宅トレ①

フレンチプレス（背中）

椅子に座り、ダンベルなど重りを両手で持って頭の上まであげます。イラストのようにひじを曲げて、ゆっくり腕を頭の後ろに下ろし、また持ち上げます。下ろすときに息を吸い、上げるときに息を吐くのがポイントです。

・メリハリボディをつくる宅トレ②

逆腕立て伏せ（背中）

仰向けで、両腕と足のみで体を支えます。

③仰向けでお尻を上げ下げする「ヒップリフト」

背中の筋肉を使っていることを意識しながら、イラストのように腕を屈伸させます。

・メリハリボディをつくる宅トレ③

ヒップリフト（お尻）

仰向けになり、膝は90度に立てます。肩から膝まで一直線になる位置までお尻を上げたら下げるという動作を繰り返します。慣れてきたらお尻を上げた状態で10秒ほどキープするとさらにお尻の筋肉を刺激することができます。

④背筋を伸ばしてゆっくり腰を下ろす「ブルガリアンスクワット」

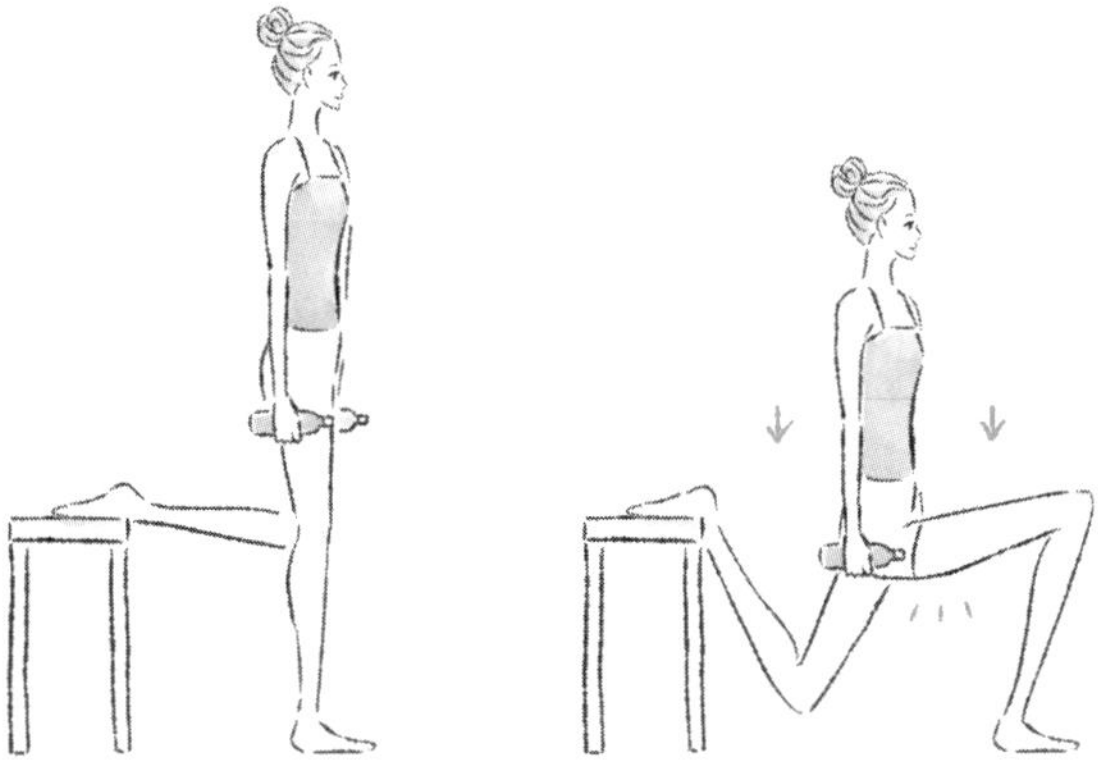

・メリハリボディをつくる宅トレ④
ブルガリアンスクワット（お尻・脚）

椅子から60～90センチメートルほど前に背を向けて立ち、左足の甲を座面に乗せます。胸を張って背筋を伸ばしたまま、お尻を後ろに引くイメージで右膝が90度になるまでゆっくりと腰を下ろしましょう。このとき、膝がつま先よりも前に出ないようにしましょう。ダンベルなど重りがあるとなおよいです。

もう1つ、ぜひお伝えしたいのはバストケア。大きさや形にかかわらず、バストを丁寧にケアしているということ自体に充足感を得ることができたら、それは確実に自信につながると思います。

私も、入浴後のボディケアのルーティンにはバストケアを入れています。バストクリームを使って丁寧にマッサージするくらいですが、それだけでも気持ちが満たされます。特に鎖骨あたりのリンパのコリを強めに流すことで、バストが一段階上向きになるようなハリを感じるので、毎日スキンケアのついでにルーティンにしています。

伸び切ったゴムが元に戻らないように、バストは一度垂れてしまうと、美容外科の力を借りない限り、もう元通りに引き上げることはできないと言われています。

となると先手必勝、予防が第一ですから、バストの形を保つためにナイトブラも使っています。もう少し年齢が上がってきたら胸筋のトレーニングも取り入れ、攻めの姿勢でバストケアをしていくのも、これからの楽しみのひとつです。

Chapter 4

賢い食生活で
体の中からきれいに

25. 栄養を学んで自炊を好きになる

いくら外側からのケアを頑張っていても、そもそも肌や髪を作ってくれる栄養をしっかり取り込んでいなければ不十分です。

私は自分磨きに本腰を入れ始めてから、外側から入れる美容成分だけでなく内側から取り込む食事の栄養もかなり意識するようになりました。

最初は外食の際に選ぶものの栄養素をよく考えたり食品パッケージの裏側の成分表示を確認するといったことから始まりましたが、栄養を学んだことで進んでとりたい栄養素が増え、そのために次第に自炊をする機会も増えていったのです。

外食や加工食品だと何が入っているのか見えませんが、自分で作る食事なら「どん

なものを体に取り入れているのか」が常に明確です。必要に応じて、自分で何なりと調整することもできます。

どんな食材が、いかに美と健康に寄与してくれるのか。逆に、どんな食材が、いかに美と健康を損なうことにつながるのか。知れば知るほど奥深くておもしろくて、その知識の実践の場である自炊も楽しくなりました。

しかも、健康的な食事をすると、体調や体形に明らかな変化が表れるので、ますます栄養の勉強と自炊に熱が入るのです。こんなに素晴らしい好循環は他にあるでしょうか……!

そんな私の食生活に、ジャンクフードやスイーツを食べたい欲を我慢するといった苦しさはありません。というのも、自炊をしていると味覚が変わるのか、不思議なことに化学調味料や上白糖のような不自然なものがおいしく感じられなくなるのです。要するに我慢するまでもなく、そういうものを欲しなくなっているということです。

代わりに、今は天然のシンプルなものがとてもおいしく感じられます。たとえば「玄米＋納豆」、「山盛りのサラダ＋良質な油のシンプルなドレッシング＋良質なタンパク質」など、私にとってはごちそうです。

無理して健康的な食事をしているのではなく、それをじっくり味わい、心から楽しむことができるようになりました。学生時代はけっこうジャンクなものも好んで食べていたので、人間の味覚ってこんなに変わるんだなと驚いています。

しかしいっさい外食をしないわけではもちろんありません。人付き合いが多いので外食も多くなりますし、外で誰かと一緒に食事をすることは日常の中でも最大の楽しみのひとつです。

現在、外食と自炊の割合は半々くらいでしょうか。外食でもなるべく健康的でおいしいものを選ぶようにしていますが、時には小麦粉のパスタなど、普段は避けているものを口にすることもあります。

このように人付き合いが多くて外食の機会も多いからこそ、ひとりで食べるときは自炊スイッチが入るのです。ひとりのときにきちんとした食生活を守っていれば、多少、あまりよくないものを体に入れることがあっても、ダメージを最低限にできる気がします。

私が食事にもすごく気を遣っているのは、内側からのケアなくして美も健康も成立しないから。そこで食事のカロリー以上に気にしているのが栄養素です。

もちろんカロリーオーバーの食事は太ることにつながるので要注意なのですが、肌の美しさなども含めた本当の美を手に入れるには、栄養素の作用を味方につけることが欠かせません。

食事は毎日のことです。しかも1日3食が基本ですから、1日に3回も栄養素の力を取り入れるチャンスがあるということ。このチャンスをスルーするか、ものにするかで美と健康に大きな差が生まれていくことは確実でしょう。

できる限り自然でシンプルな健康的な食事から栄養をとる。この基本を守ったうえで、食事だけでは十分にとれない栄養素や、特に多めにとりたい栄養素はサプリメントで補っています。

・食物繊維（野菜、きのこ、海藻）――腸内環境改善に役立つ
・抗酸化物質（フレッシュブルーベリー、アサイー、アボカドなど）――ストレス対処などの際に体内で生成される活性酸素（老化促進につながる物質）を除去する

・スルフォラファン（ブロッコリー、ブロッコリースプラウトなど）――強い抗酸化作用により脳血管を保護する、幸せホルモン「セロトニン」の分泌を助ける
・ビタミンB群（サプリメント）――脂質代謝、糖質代謝を促進する
・カルシウム（サプリメント）――骨の材料になる
・ビタミンD（サプリメント）――カルシウムの吸収を助ける
・ビタミンC（サプリメント）――高い抗酸化作用と、コラーゲンの材料になることで美肌づくりに役立つ

「体にいい」とされるものは、すぐに加工食品となってスーパーにずらりと並ぶ傾向がありますが、ここで気をつけたいのは食品添加物です。

でも、なかには加工食品を買うしかないものもあります。たとえば高い抗酸化作用があるアサイーを日本で食べるとしたら、どうしても、パッケージ化された「アサイーボウル」「アサイースムージー」になってしまいます。

私は、加工食品を買うとき、無自覚のうちに体によくないものを取り入れてしまわないようにパッケージの成分表示をよく見ます。そして、なるべく添加物が使われて

いないものを**選ぶことを意識しています。**

パッケージをよく見るメリットは、食品添加物のチェックだけではありません。たいていは三大栄養素（脂質、糖質、タンパク質）の含有量も表示されており、さらにはビタミンやミネラルの含有量まで明記されているものもあります。**成分表を見るクセをつけることは、賢く健康的な食生活を送る助けになる**のです。

26.

普通のサラダを「最強の美容食」に格上げするルール

野菜たっぷりの料理が健康的であることは言うまでもありませんが、自炊を続けるなかで、改めて「やっぱり野菜はすごい！」と実感しています。

特に推したいのはサラダ。これこそ「最強の美容食」と言ってもいいくらい、私はサラダの力をつねづね実感しているのです。

・サニーレタス、ほうれん草、赤やオレンジのパプリカ、ブロッコリー、かぼちゃ、小松菜など色の濃い緑黄色野菜（厚労省基準でいうと「可食部100グラムあたりのカロテン含有量が600マイクログラム以上の野菜」）

・アボカド
・きのこ類
・海藻類
・オリーブオイルベースのシンプルなドレッシング
・鮭や鶏《とり》肉、ラム肉、卵、納豆などのタンパク質食品
・玄米や雑穀米

これらを盛り付けたサラダプレートを、私は、ほぼ毎日食べています。
栄養素でいうとビタミン、ミネラル、食物繊維、良質な脂質・タンパク質、精製していない（食物繊維やビタミン、ミネラルが残っている）炭水化物。すべてが含まれたサラダプレートを食べていると、とんでもなくお通じがよくなるだけでなく、驚くことに、頭が冴《さ》えて仕事のアイデアなども浮かびやすくなるのです。

サラダといっても、申し訳程度のレタス、玉ねぎ、ミニトマトなどだけでは「美容食」とは呼べません。

普通のサラダを「最強の美容食」に格上げするには、とにかく複数種類の色の濃い野菜を山盛りにして、きのこや海藻を盛り合わせます。

①**アンチエイジングサラダ**――春菊の高い抗酸化作用に加え、ケールは栄養価が高く免疫力を上げる。柑橘類でビタミン、ウォルナッツとアボカドでビタミンEなどアンチエイジング効果の高い良質な脂質がとれる。

ベース：春菊、ケール
トッピング：柑橘類（みかんやグレープフルーツなど）、ウォルナッツ、アボカド
ソース：粒マスタードドレッシング（粒マスタード、オリーブオイル、酢、はちみつ各大さじ1杯）

②**エネルギーチャージサラダ**――特に栄養価の高い葉物やスーパーフードのキヌアを入れることで、必要なエネルギーを取り入れられる。バルサミコ酢はポリフェノールなど抗酸化作用のある栄養が豊富。

ベース：ルッコラ、サラダほうれん草
トッピング：サラダチキン、キヌア、枝豆、レーズン、さつまいも
ソース：栄養酵母、バルサミコ酢

③超快便サラダ――水溶性と不溶性の食物繊維に加え、オリーブオイルで脂質を取ることで快便に。葉物は酵素になるので多めにとる。豚肉のビタミンB1は腸内環境をよくする。

ベース：ロメインレタス、ブロッコリースプラウト
トッピング：海藻、きのこ、豆類、豚肉（しゃぶしゃぶ用を茹でたもの）
ソース：エクストラバージンオリーブオイル、塩

④美肌サラダ――ビタミンC、ビタミンEなど抗酸化力の強いものが豊富。ドレッシングにヨーグルト、味噌を入れることで発酵食品もプラス。

ベース：蕪の葉（塩揉みしたもの）、紫キャベツ
トッピング：ブロッコリー、赤パプリカ、トマト、アボカド、スモークサーモン
ドレッシング：ヨーグルトドレッシング（無糖ヨーグルト大さじ3杯、味噌小さじ2杯、アガベシロップ小さじ1／2杯）

最近のお気に入りは「栄養酵母（ニュートリショナル・イースト）」です。これはサトウキビやビーツの糖蜜《とうみつ》についている酵母の一種を培養したのち不活性化し、乾燥、粉

砕したもの。タンパク質、ビタミン、ミネラルが豊富とされています。

ナッツやチーズのようなコクのある香りと味わいが特徴で、ヴィーガンの人たちにはチーズの代用品として重宝しているようです。私はヴィーガンではありませんが、栄養価が高いうえに普通においしいので、よくサラダに使っています。

たとえば、ちぎったサニーレタスやロメインレタスに栄養酵母をまぶし、少量のオリーブオイル、塩・こしょうで調味すると、いっさいチーズを使っていないのにシーザーサラダのようになります。

27. 夜こそ炭水化物を食べる

私は1日3食、炭水化物を食べます。精米はあまり食べません。主に玄米か雑穀米、たまに十割そば（そば粉100％のおそば）、という感じです。

糖質カットダイエットの流行で、お米などの炭水化物（糖質＋食物繊維＝炭水化物）が悪者扱いされている傾向がありますが、まったく炭水化物を食べないとエネルギーが足りなくなってしまいます。

ただし、炭水化物を食べすぎると血糖値が上がって頭がボーッとするのも事実。

そこで気づいたのが、「炭水化物を食べるか、食べないか」ではなく、「炭水化物を、どのタイミングで、どれくらい食べるか」をコントロールするのが重要なのではないか、ということでした。

現在の私の炭水化物の食べ方は、「ごはん（玄米か雑穀米）を、朝・昼は80〜100グラムくらい、夜は150グラムくらい」です（これはあくまで身長153センチメートル・女性である私の目安量なので、皆さんも自分の体質や体形に合わせて適切な量を見極めてみてくださいね）。

意外に思われそうですが、一番多く炭水化物を食べるのは夜。

これには明確な理由があります。

すでにお話ししたとおり、炭水化物を食べすぎると頭がボーッとします。だから、頭を始動させたい朝と、頭がクリアなまま午後の仕事に入りたい昼は、炭水化物は控えめに食べる。ただしエネルギーは必要ですから、全く食べないということはありません。

逆に夜はお腹が空《す》くと眠れなくなるので、朝・昼よりもしっかりめに炭水化物を食べます。ただし血糖値が急上昇すると結果的に寝付きが悪くなるため、夕食では、血糖値の上昇をゆるやかにする食物繊維もふんだんにとります。

「夜は寝るだけ。もう活動しないのだからエネルギーは必要ない。だから炭水化物を抜く」という人も多いようですが、単に眠っている間は意識が覚醒《かくせい》していないだけで、脳の一部と内臓は働いています。

つまり睡眠中もエネルギーを使っているわけです。それをエネルギー不足にすると、翌日の食欲が乱れ、ジャンクフード欲や食べ過ぎを招く可能性もあります。

やせたいのなら「夜は炭水化物抜き」という我慢をするのも1つの選択肢かもしれません。でも私の目的は単にスリムでいることではありません。いくらやせていても、エネルギーも潤いも枯渇した状態では、美しいとは言えないと思うのです。

何より、夜、しっかり炭水化物を食べたほうが、よく眠れるし、翌朝も元気に目覚められる。

そしてよく眠れると、明らかに肌やお腹の調子がいい。

このように自分自身の体で試してみた実感から「炭水化物は朝・昼控えめ、夜しっかり」が通常パターンになっています。

28. 避けるべきものは「我慢する」のではなく「置き換える」

私はできるだけ小麦製品は避けていますが、日本でもグルテンフリーを実践する人が増えてきており、小麦製品の代替品が以前よりも豊富になってきています。

パンは米粉パン、パスタは玄米パスタやえんどう豆パスタ、とうもろこしパスタ、さらにはパン粉やうどんも、米粉で作られているものが市販されています。完全に小麦と同じ味わいとはいきませんが、それぞれに、また違ったおいしさがあります。

グルテンフリーパスタは、原材料によって食感が違うので、作る料理によって使い分けています。

玄米パスタは食感がもちもちしています。カルボナーラやクリームパスタ（牛乳ではなく豆乳やアーモンドミルクを使います）など、ソースと絡めて食べたいパスタ料理におすすめです。

えんどう豆パスタは比較的ツルツルしています。ペペロンチーノなどオイル系や、きのこをふんだんに使った和風パスタにぴったりです。

一番オールマイティなのは、とうもろこしパスタだと思います。クリーム系からオイル系、トマト系などにもよく合います。

小麦製品のほかに、質の悪い油と白砂糖も避けています。

私が避けている質の悪い油とは、悪玉コレステロールを増やすと言われているトランス脂肪酸を多く含むサラダ油や植物性油脂のことです。また、そうでなくても油自体が酸化しやすいため、調理されてから時間の経った油（コンビニのお惣菜など）もなるべく避けるようにしています。

でも、この点は料理に使う油をすべてオリーブオイルやギーに置き換えてしまえば、即解決してしまいます。

ギーは馴染《なじ》みのない人も多いかもしれないので、少し説明しておきます。

これは、無塩バターからタンパク質、水分、糖分、不純物を取り除いたもの。つまり「ほぼ牛乳の脂肪分だけ」になったものなのですが、美と健康の観点からいうと、バターよりギーのほうが脂肪酸の組成が良質になっています。

人体にはオメガ6系とオメガ3系の両方の脂肪酸が必要です。

オメガ6系は病原菌などと闘うために炎症を促進する、オメガ3系はその炎症を鎮静化させるという具合に、これらは体内で正反対の作用をもっているため、両方をバランスよくとることが健康的な脂質のとり方とされています。

ところが、サラダ油など料理によく使う油には、オメガ6系がより多く含まれており、現代人はオメガ6系を多くとりすぎていると言われているのです。つまり、現代人はオメガ3系脂肪酸を努めて意識的に摂取したほうがいいということです。

ギーは、そのオメガ3系脂肪酸の1つであるα－リノレン酸の割合が、バターより多くなっています。

さらに、血液サラサラ効果などで知られるオレイン酸（オメガ9系脂肪酸の1つ。オリーブオイルにも豊富）の割合もバターを上回ります。同じ牛乳由来でも、バターよりギーのほうが健康的と言えます。

また、白砂糖は精製された不自然な食品であり、私はきび砂糖やアガベシロップなどで代替するようにしています。

甘みはきび砂糖やアガベシロップなど、なるべく精製されていない、自然に近い形の糖分で補うようにすれば、白砂糖を使えなくてもまったく不自由を感じません。

このように代替品を工夫して楽しむようにすれば、避けているものがあっても、タブーを設けて我慢することにはならないのです。

29.
食欲爆発を抑える「超低カロリー間食」

1日3食、ちゃんと食事をしていても、時には間食したくてたまらなくなることはあるものでしょう。私もそうです。特に生理前や生理中は、食欲が乱れがちではないでしょうか。

そんなときに暴食して後悔するのは避けたい。自分の肌や体によくないことをしてしまったという後悔は、自己肯定感を損ねることにもつながりかねません。

かといって「食べたい」という欲を無理に抑え込もうとすればするほど、苦しくなってしまいます。

ここで重要なのは、「我慢する」以外の選択肢をもっておくことだと思います。

間食が問題になるのは、主に1日にとっていいカロリーを超えてしまうことです。ならば、そうならないように超低カロリーな間食をする。間食はしないことが一番ですが、「もし、するなら低カロリーのもの」と決めておくといいと思います。

選択肢は主に2つです。

よほど食事を削ったりしていない限り、間食したくなる理由の大半は「空腹だから」ではなく「何となく口さみしいから」でしょう。

ですから第一の選択肢は、その口さみしさを解消してあげること。「おしゃぶり昆布」や「カリカリ梅」など歯ごたえのあるものを食べると、意外とすんなり間食欲が収まってしまうことも多いのです。


でも、生理前や生理中の食欲の乱れには、おしゃぶり昆布やカリカリ梅では太刀打ちできないかもしれません。もう少し心とお腹を満足させることができて、なおかつ超低カロリーなものが理想です。

そこで第二の選択肢として、私がよく活用しているのは「出汁《だし》」です。

一例を挙げると、かつお出汁や昆布出汁にワカメや豆腐を入れたものは、「今日は食欲がやばそう」と感じた日の食間や食前の定番メニューです。しょうゆも塩も入れません。それでも、温かい出汁のいい香りとうまみが心もお腹も満たしてくれて、爆発しそうだった食欲がスッと収まります。

そういうときは、「どうせ我慢できない」と思っていると、きっと本当に我慢できなくなってしまうので、「これで食欲が収まる、収まる」と念じながら食べています。いい意味での自己暗示をかけることも、私には有効です。

30.

副菜までスキなく「美容食」に変身させる時短レシピのヒント

自炊することが多くなってから、私は主菜も副菜も、美と健康にいい食材を使って、しかも時短で作るのが得意になりました。

肉料理、魚料理などのメインに、汁物、玄米もしくは雑穀米。このようにおかずが1品だけだと、どうしても栄養が偏りがちです。できれば、あと1~2品は副菜がほしいところ。しかも、そこもスキなく美容食で埋め尽くしたい。

ということで、自分磨きにつながる副菜を、どれだけ簡単に、できるだけ時間をかけずに作れるかというのも実践してきたのです。

主菜でも副菜でも、ポイントは美と健康に寄与する主素材を選び、味付けにはハー

ブ、スパイスを活用することです。

薬膳《やくぜん》料理でも多用されるハーブ、スパイスは、古くから様々な薬効があるとされ、まさに薬のように用いられてきました。そのうえ、これらで風味付けをすることで、むくみの原因である塩分の使用量を抑えることもできます。

といっても本格的な薬膳料理を作りたいわけではないので、おいしくて幅広く使いやすいものを常備してあるだけです。

私のキッチンにある定番は、シナモン、クミン、ターメリック、フェンネルの4つ。抗酸化、脂肪燃焼、発汗、血流改善などの薬効があるとされるシナモンは、よくコーヒーやカフェラテに入れています。

あとは次のように料理に活用しています。ハーブやスパイスを使うだけでおしゃれな味になるので簡単で、時短にもなる美容食レシピです。

・時短&美容レシピ① 白身魚のフェンネル風味

タラやタイなどの白身魚に刻んだフェンネル、粗挽《あらび》き黒こしょう、レモン汁をまぶし、弱〜中火にかけたフライパンに適量のオリーブオイルをひき、魚に火が通るまで焼く。

＊美容食材——白身魚

魚は全般的に低脂質・高タンパク質の美容・健康食材。特に白身魚の多くは脂質が低いのでダイエット中にもおすすめです。

＊美容ハーブ——フェンネル

フェンネルには、消化促進、健胃、胃腸内に溜《た》まったガスの排出、利尿・発汗、女性ホルモンの活性化などの薬効があるとされています。

カリウムが塩分の排出を促進し、むくみの原因となる塩分や水分を排出するのと同時に不要な老廃物をデトックスしてくれる効果もあります。

・時短&美容レシピ② 山芋のクミン炒《いた》め

短冊切りにした山芋とクミン（ホール）を適量のオリーブオイルで炒め、仕上げに粗挽き黒こしょうを振る。

＊美容食材――山芋

山芋には、でんぷん質分解酵素（食べ物の消化吸収を助ける）のアミラーゼやジアスターゼ、コレステロールの除去に役立つサポニン、塩分の排出を促すカリウム、腸内環境改善に欠かせない食物繊維などが含まれています。

＊美容スパイス――クミン

クミンには、抗酸化、消化促進、デトックス、胃腸内に溜まったガスの排出、健胃などの薬効があるとされています。

・時短＆美容レシピ③　アスパラガスのターメリック炒め

アスパラガスを適量のオリーブオイルで焼き、仕上げにターメリック（パウダー）と粗挽き黒こしょうを振る。

＊美容食材――アスパラガス

アスパラガスには、疲労回復に効果的なアスパラギン酸のほか、皮膚粘膜や目を健やかに保つビタミンA、美肌効果が高いビタミンC、血流促進に役立つルチンなどが含まれています。

＊美容スパイス――ターメリック

ターメリックには、抗菌、鎮痛、血圧降下、肝臓の解毒作用の向上、肝機能の向上、消化促進、健胃などの薬効があるとされています。

・時短&美容レシピ④ フェンネル風味ブロッコリーの蒸し焼き

熱したオリーブオイルにニンニクを加え、香りが立ってきたらブロッコリー、フェンネル、白ワインを適量入れて蒸し焼きにする。

＊美容食材――ブロッコリー

ブロッコリーは野菜のなかでも免疫機能を上げたり肌の調子を整えてくれるビタミンCや、体内でビタミンAに変換されるβ-カロテンなどが豊富に含まれています。タンパク質や葉酸が含まれているのも女性にはうれしいですよね。

＊美容ハーブ――フェンネル（前掲）

31.

外食で迷ったら、「和食の定食屋」を選ぶ

会社勤めの人は、今までの内容を読んで「これではランチの選択肢がない……」と思っているかもしれません。お弁当を作っていければいいのですが、そんな余裕がない人も多いでしょう。

そうなるとランチの選択肢は外食かコンビニでしょうか。たしかに、今までお話ししてきたことをランチで実践するのは難しいかもしれません。

そこで武器になるのは、意識と知識です。「より美と健康に寄与するものを食べたい」という意識と、多少の栄養の知識さえあれば、できることはあります。

まず、「サラダ」「グルテンフリー」といったキーワードで地図アプリを検索してみる。自分がいつも通る道沿いにないだけで、そういうお店が意外と会社近くにあるかもしれません。

もし見つからなくても、まだ対処は可能です。

たとえば選択肢がファストフード屋、ラーメン屋、パスタ屋、和食の定食屋だったら、私なら迷わず和食の定食屋を選びます。

サラダ屋や、グルテンフリーメニューを設けているお店はなくても、和食の定食屋ならば、たいていどこにでもあるはずです。焼き魚定食、お刺し身定食、煮魚定食など魚料理の定食を選び、ごはんは少なめ（100～150グラム程度）、これで大丈夫です。

さらに最終手段として、次のような、あまり健康的でない食事の事前・事後の対処法を覚えておくと、より安心です。

・野菜不足の食事をしたとき——腸内環境を整えてくれる酵素のサプリを飲む

・焼き肉など高脂質の食事をするとき――脂肪の吸収を抑えてくれる黒烏龍《ウーロン》茶、もしくは脂質代謝に欠かせないビタミンB群のサプリを飲む（ビタミンB群は糖代謝にも欠かせないので糖質の多い食事をしたとき、また、ちょっとジャンクな食事をしたときに肌荒れ防止のためにも飲んでいます）

・単純に食べ過ぎたとき――整腸作用、消化促進作用があるとされるお酢をリンゴ酢で飲む

これらは実際に私が取り入れている手法ですが、対処法があるからといって度重なるのはよくありません。ここに挙げた対処法は応急処置のようなもの。あくまでも普段は、なるべく野菜多めの健康的な食事を心がけることが大切です。

Chapter 5

きれいを完結させる「メイクアップ＆ヘアメイク」

32. メイクの時間は、今日1日に向けて気持ちを高める時間

朝、出かける前にメイクをする。ここで今日1日に向けて気持ちを高めるという女性は多いのではないでしょうか。私も同じです。すっぴんのときよりもメイクをしているときのほうが、自分がイキイキしていると感じます。

戦闘力が上がる、というのはちょっと物騒な言葉かもしれませんが、メイクをすると明らかにテンションが上がる。「よし、今日も1日がんばろう！」という気持ちになれるのです。

メイクをいつ、どこで覚えたのかは人それぞれでしょう。

身近にいた年上の女性に教わった人もいれば、自分で雑誌や動画を見ながら学んだ

という人もいると思います。ちなみに私の最初のメイクの先生は、エステティシャンをしていた母でした。

いずれにせよ、メイクは試行錯誤の連続です。

私の場合は、わざわざ「メイクを研究する時間」を設けているわけではなく、朝、メイクをするときに「今日はこうしてみようかな」という感じで、日々、いろいろと試しています。

そのなかで、今までやったことのなかった新しい方法を取り入れたり、たまたま入ってきた情報を参考にしたりなど、ひょんなことで、「あれ、こうしたほうがかわいく見えるな」と発見することがよくあります。

眉毛《まゆげ》の形、アイシャドウやアイラインの入れ方、リップの色などなど、メイクには様々なテーマがあります。**流行を取り入れる一方、「自分の顔に似合うか」というのも重要な視点です。**

メイクの研究に終わりはなくて、自分を観察すればするほど新たな発見があるもの。

私にとっては、メイクをする時間もまた自分自身と向き合い、付き合っていくための大切な時間になっているのです。

もちろん美しく見せたい、印象をよくしたいという外向きのベクトルもありますが、あくまでも、それはメイクをした結果、他者からそう見えるという話。メイクをするという行為自体のベクトルは、限りなく自分に向いているのです。

33.「光」を味方につけるツヤ肌ベースメイク術

Chapter2で、「肌の美しさは白さよりも潤いによって光を反射するかどうかに左右される」という話をしました。

これはメイクでも同様です。肌が光を反射してツヤツヤと輝くようなベースメイクをすると、肌が美しく映えます。それが「健康的」や「多幸感」「感じのよさ」に直結しているため、ツヤ肌ベースメイクは基本中の基本だと私は思っています。

そのために実践しているメイクのルーティンは、こんな感じです。

・ツヤ肌ベースメイクのルール① メイク前にしっかり保湿する

まずメイクのベースとなる肌をしっかり保湿します。おすすめは、メイク前に1分でもいいからパックをすること。メイク前専用のパックも市販されています。**肌は基本的に温めたほうがいいのですが、メイク前に使うパックは冷蔵庫で冷やしておきます。**肌を少し冷やして引き締めておいたほうが、メイクの乗りがよくなり、崩れづらくなるからです。

パックの後は潤いを閉じ込めます。夜用のクリームだとベタついてメイクがよれてしまうので、ここでは乳液を使います。

・ツヤ肌ベースメイクのルール② パウダー、ハイライトを効果的に使う

とにかく潤いを失わないために、下地も保湿成分が入っているものを使います。これだけでもツヤツヤになるのですが、部分メイクの乗りをよくし、崩れるのを防ぐにはパウダーを重ねたいところ。

ただしパウダーをのせたところはマットな感じになるため、顔全体にのせると、せっかく「パック↓乳液↓保湿成分のある下地」でつくってきたツヤ感が消えてしまい

顔にハイライトをのせる位置

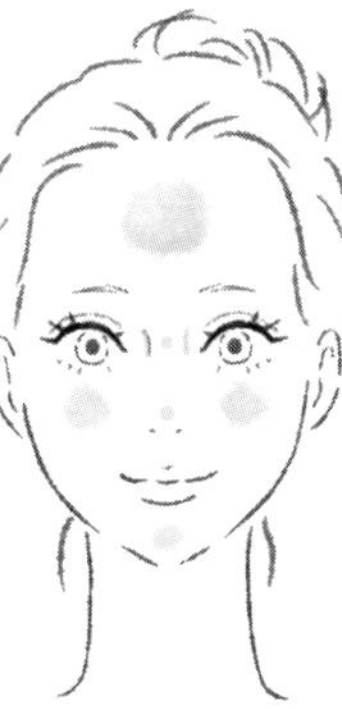

ます。

特にほおのツヤ感が消えると、顔全体の印象が一段暗めになってしまいます。

だから、皮脂が多くてメイクが崩れやすい小鼻・眉骨《びこつ》・口元、光を反射するとかえって目立ってしまうほうれい線だけに、そっとパウダーをのせます。

もし、下地だけだとベタつくからパウダーを顔全体にのせたいのなら、ひたい、ほお骨、鼻根、鼻先、目頭、あごにハイライトを入れます。こうして顔の中心に光が集まるようにするとパーツが立体的に見えるため、パウダーを顔全体にのせても、ノペッとした印象になるのを防ぐことができます。

ハイライトにもいろいろなタイプがありますが、「光を味方につける」という点では細かいパール系がおすすめ。ラメが多すぎるとかわいらしすぎる印象になるため、幼く見えてしまう可能性があります。

34. 人も幸運も引き寄せる多幸感メイク術

「印象のよさ」の鍵《かぎ》は何かというと、多幸感だと私は思っています。

幸せそうに見える人に印象が悪い人はいない。逆に、ちょっときついメイクをしている人や、くすんだメイクをしている人には、親しみやすさや話しやすさを感じづらいものでしょう。

というわけで、光を味方につけるツヤ肌ベースメイクをしたら、今度は多幸感を出していきます。

私が考える多幸感メイクのポイントは、次の6つです。

・多幸感メイクのルール① 目元が明るいこと

目元がくすんでいると、なんだか元気がなさそうに見えます。アイシャドウをのせる前に、まず目元のくすみをきれいに隠すことから始めましょう。目元のクマにはピンク系のコンシーラー、さらにアイシャドウベースも肌よりワントーン明るい色をしこむことで、夕方までヨレにくい明るい印象の目元をキープすることができます。

・多幸感メイクのルール② ほおに血色があり、ふっくらして見えること

赤ちゃんのようにほおがふっくらしていると、なんだか幸せそうな印象になりませんか？　私たちは通常、年を取るほど顔のお肉が落ちてほおが痩《こ》けたような感じになってしまいます。ほおの高い位置に淡い色のチークと、その少し上にパール系のハイライトを入れると、笑ったときにほおが上がっているように見え、ふっくらとして若々しい印象になります。**「チークの位置はほおの一番高いところ」**と覚えておいてください。

②顔にチークとハイライトをのせる位置

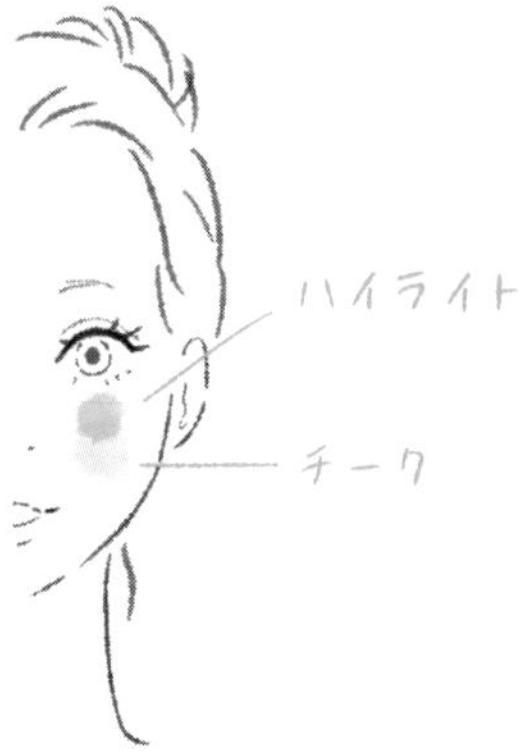

・多幸感メイクのルール③ 機嫌の良さそうな唇を作る3つのポイント

幸せそうな顔に見せたいときは、赤リップやテラコッタなど都会的な印象の色よりも、コーラル系やピーチ系など優しい色みのリップカラーを選ぶことをおすすめします。濃いめの色を使いたいときは、自分の唇の内側の粘膜の色と似た色を選ぶことで唇が浮かずに肌の色が明るく見えます。

上記に加え、個人的におすすめなリップメイクのポイントが「リップライナーで口角を上げる」「グラデーションリッププランパーで立体感を出す」の2つです。リップライナーで口角の端っこに少しラインを描くことで、真顔でいても少し微笑んでい

③リップメイクのポイントのまとめ

るような機嫌の良さそうな顔になります。
また、唇の中央の色を一番濃く、端はぼかし、その上に唇をふっくらさせる効果のあるリッププランパーをのせることで、顔全体の立体感が増して引き締まった印象になるのです。

・多幸感メイクのルール④ 光を味方につけて目をキラキラさせる

いつも素敵で明るい人って、なんだか目がキラキラしているように見えませんか？

実は目の輝きも、メイクで作れるのです。

ポイントは、目頭にラメやパールを取り入れること。ここに光の反射材を持ってくると、黒目に光が反射されて瞳《ひとみ》がキラキラし

④目をキラキラさせるメイク術

て見えます。ラメの方が輝きは強くなりますが、もう少し落ち着いた印象にしたいという方はアイメイク全体にパールの入ったアイシャドウを薄く塗る方法で置き換え可能です。**さらに目にしっかり光を取り込みたければ、まつ毛はしっかり上げておくこと**をおすすめします。まつ毛が下がっていると目に入る光を妨げる原因になり、せっかくの輝きが半減してしまいます。まつ毛のカールについては後述します。

・多幸感メイクのルール⑤　肌に柔らかさがあること

　赤ちゃんのほっぺを思い出してみてください。フワフワで柔らかそうで、触りたくなりますよね。そのような肌を大人が再現するには、「色ムラのなさ」が個人的には重要だと思っています。**顔のくすんでしまいがちな部分は主に「目の下」「小鼻の横」「口横のマリオネットライン」の3つです**。この部分にお使いのファンデーションより少し明るめの色のコンシーラーをしこむことで、メイクを仕上げたあとの肌の印象がまるで違って見えます。

・多幸感メイクのルール⑥ 眉毛の太さが顔に合っていること

眉毛の太さにも流行がありますが、一番大事なのは「自分に合った太さ」であることです。流行に合わせるのではなく、自分自身の顔を基準にするのがベスト。**「自分の目の縦幅の2分の1〜3分の2」の太さが黄金比**と一般的に言われています。

この6条件を兼ね備えた多幸感メイクをしていると、人にいい印象を与えやすいだけではありません。一番大きいのは、むしろ自分自身に対する心理的な効果だと思います。

鏡に映る「多幸感のある自分の顔」は、何よりも自分を元気づけてくれます。たと

⑤顔にコンシーラーをしこむ位置

え少し嫌なことがあって気分が落ち込み気味でも、鏡を見ると「今日の私も、なかなか悪くないじゃん」と思えて気持ちを切り替えることができるのです。

35. メイクの「色」「形」は自分に、「手法」は流行に合わせる

ある程度は流行を取り入れないと、時代遅れな印象の垢抜《あかぬ》けないメイクになってしまいます。かといって闇雲に流行を取り入れようとすれば、無自覚に自分に合っていないことをしてメイクが浮いてしまう可能性があります。

メイクのよしあしを決めるのは、「バランス」だと私は思っています。

それは、流行に合わせて「変える部分」と、自分に合わせて「変えない部分」のバランスも同じです。**目安は「手法」は流行に合わせ、「色」「形」は自分に合わせること。すると、「流行を取り入れつつも自分に似合っているメイク」になります。**

メイクの「手法」とは、ハイライトやコンシーラーの入れ方や、まつ毛の作り方、アイシャドウの入れ方など。

一方、チークや口紅の「色」、眉毛の「形」では流行に惑わされず、「自分に合っているかどうか」を不動の基準とするといいでしょう。

肌の色も唇の色も人それぞれ違うので、無条件に流行色を取り入れるのは危険です。たとえばパーソナルカラーが、コーラルピンクやオレンジが似合うとされる「イエベ春」なら、ブラウン系のメイクが流行でも取り入れないほうがいいかもしれません。

眉毛の太さ、形、長さにも流行がありますが、やはり、太さは自分の目の縦幅の2分の1～3分の2くらい、形は自分の元の眉毛の形に合わせるのがベストです。

たとえば韓国アイドルみたいな平行眉が流行《はや》っているからといって、本来のアーチ形の眉を無視して平行眉にしても不自然になる可能性が高いです。

また、よく言われる「小鼻から目尻《めじり》を結んだ延長線上を眉毛の終点とする」という長さの黄金比は、私もそのとおりだと思っています。

このように、眉毛の太さ、形、長さは「自分の元からの顔（骨格）」に合わせると心得ておくと、自然に仕上がります。

人によっては「顔のパーツが中心に寄っている」とか、逆に「顔のパーツが外側に広がっている」といった悩みがあるかもしれません。

そんな場合でも、「バランスをとるテクニック」が有効です。

顔のパーツが中心に寄っている印象を緩和したい場合は、眉頭を少しファンデーションで消して眉毛を描きます。

逆に顔のパーツが外側に広がっている印象を緩和したい場合は、眉を描くとき、自分本来の眉頭よりもほんの少しだけ内側から始めます。

また、目頭の少し内側の皮膚の部分にもアイラインを入れる。これには少し目を大きく見せると同時に、目が離れて見えないようにする効果もあります。実は私も目がやや離れているので、そうしています。

このように、ほんのちょっとだけ中心部分を消すと適度に外側が強調され、ほんのちょっとだけ中心部分に描き足すと適度に内側が強調される。もともとの顔のパーツの配置によってどちらかを選ぶことで、バランスがとれるのです。

メイクの一般論として、眉毛《まゆげ》、目、ほお、唇の4箇所をすべて強調すると派手になり、下品な印象を与えかねません。

もともとあまり華やかではない顔立ちだったとしても、すべてを強調するのは得策ではないでしょう。かといって、1箇所も強調しないと地味、暗い、貧相といった印象になってしまいます。

派手すぎず地味すぎもしない、ちょうどいい盛り加減のメイクは「印象のよさ」につながります。**強調するのは1~2箇所だけと決めておくと、自然と、そのバランスがとれるようになります。**

36.

「骨格診断」「パーソナルカラー診断」はコスパがいい

自分に似合う形の洋服を着ると、スタイルがよく見えます。

自分に似合う色をまとうと顔色が映えて、より健康的で幸せそうに見えます。

ところが、自分のことは自分が一番よくわかっているようで、実は、わかっていないもの。「これが似合うはず」という思い込みや、「これが好きだから着たい」という一方的な好みが邪魔して、本当に似合うものを見極められなくなりがちです。

それをプロの目で客観的に診断してもらうと、目からウロコが2枚も3枚も落ちて洋服選びがずっとラクに、楽しくなります。

私は3年前に骨格診断とパーソナルカラー診断を受けました。

結果、骨格は「骨格ウェーブタイプ」でした。

このタイプは、上半身は薄くて華奢《きゃしゃ》なので、襟の付いたジャケットを着ると肩幅が狭く見えて顔が大きく見えてしまったり、Vネックのトップスを着ると、鎖骨や胸骨が露《あら》わになって貧相な印象を与えたりします。

また、骨格ウェーブタイプは、下半身は比較的厚くて下重心なので、お尻が強調されるハイウェストのボトムスなどは似合いません。

ではどんな洋服が似合うかというと、襟があまり開いていないトップス、ローウェストのボトムス、Aラインのワンピースなど。

正直、自分でわかっていたところも多かったのですが、似合うものを具体的にアドバイスしてもらえたのは、すごく役立ちました。骨格に合った洋服を選ぶと、上下のバランスがよくなってスタイルがよく見えます。

パーソナルカラーは「イエベ春」。私の肌は黄色が強めであまり白くないと思っていたので「イエベ秋」だと自己診断していたのですが、違いました。

「イエベ秋」は、レンガ色など、くすみ系の色が似合うとされています。でも「イエべ春」に似合うのは淡い黄色やピンク、黄緑などの明るい色。そこで、今まではくすんだ色を選んで着ていたのをガラリと明るい色に変えてみたら、顔色が急に明るくなったように見えたのです。

洋服の色を変えるだけで、こんなに顔映りが変わるんだと驚きました。

以前、くすんだ色ばかり選んでいたのは、自分の肌の色が暗めだと思い込んでいたからなのですが、どうやら因果が逆で、くすんだ色ばかり着ていたから、肌の色が暗めに見えていたようです。

骨格診断とパーソナルカラー診断はセットで数万円しますが、みなさんはこの値段を「高い」と感じるでしょうか。私の回答は「いいえ」です。序章でも述べたように、骨格診断やパーソナルカラー診断を「浪費」ではなく「投資」と考えているからです。

一度診断を受けてしまえば、もう似合わないものを買ってお金を無駄にすることは極端に減ると思います。今はECサイトで洋服を買う人も多いと思いますが、「気に入って買ったのに、届いたものを着てみたら、なんか似合わない……」という失敗をすることもなくなるはずです。

今後、似合わないものを買わなくなれば、骨格診断とパーソナルカラー診断にかかる数万円くらい、すぐに元が取れてしまう。そう考えれば、わずかな資金で、ほぼ一生もののノウハウを得られる投資と捉《とら》えることもできるでしょう。

骨格診断とパーソナルカラー診断は受けておいて損はない。それどころか、少し高くても補って余りあるメリットを得られるというのが、私の実体験からくる結論です。

ただ、パーソナルカラーに関しては、最近、別の感想をもつようになってきました。美容意識の高い友人も同じように言っていたのですが、肌を磨くとパーソナルカラーにかかわらず、割とどのような色でも似合うようになるのです。

つまり、美容を突き詰めると似合うものが増える。

きれいになれるように努力するのは、実は、好きな色が似合うようになることにもつながっていたわけです。これはこれで新たな発見だったので、今はあまりパーソナルカラーにとらわれず、挑戦してみたかった色も楽しむことを意識できるようになりました。

37. 目元は「素を活かしつつ適度に盛る」と失敗しない

長くて濃いまつ毛は目元を華やかにしてくれるので、きっと誰もが欲しいものだと思います。でも、安易にまつエクをするのはおすすめしません。

まつエクには、実は落とし穴がたくさんあるのです。

まず、まつエクを続けていると、その重みでまぶたが下がって、目元がもったりと重たく見える可能性があります。「まつエクしてるみたいだけど、何もしないほうが目がパッチリして、よさそうだな」という印象になってしまうのです。

また、まつエクは大事な自まつ毛にもダメージを与えます。

まつエクを着けるには自まつ毛の土台が必要ですが、まつエクのダメージで自まつ毛が徐々に抜けてスカスカになり、最後には、まつエクを着けることすらできなくなるかもしれません。そうなったら、もうまつ毛を長く濃く見せる方法がなくなってしまいます。これは絶対避けたいでしょう。

このように、**最初はよくても、あとから出てくるかもしれないデメリットが大きすぎる。後悔しなくていいように、やはり、まつエクは避けた方がいいかもしれません。**

今はまつ毛用の育毛剤や美容液にもいろんな種類があるので、まつ毛を長く濃くしたいのなら、自まつ毛を育毛するのが一番です。まつエクに頼らなくても、長くて濃い魅力的なまつ毛を作ることはできます。

それに、私の実感から言えるのは、自まつ毛のほうが目に光が入りやすくなって多幸感が出やすくなるということ。

「すっぴんでも、自前のまつ毛だけは長くて濃い」というのも魅力的です。

メイクをするときも、自まつ毛ならば、その日のファッションや気分、オケージョンに合わせて、「ちゃんとビューラーでカールさせてマスカラをつける」「中くらいにカールさせてマスカラはつけない」など、いろいろと遊べるようになるのもうれしいポイントですよね。

38. まつ毛・アイラインの角度、カラコンで印象を使い分ける

まつ毛の角度を、ビューラーでしっかりカールさせる「上」、中くらいにカールさせる「中」、そして「真っ直ぐ」の3つに大きく分けると、次のように、それぞれ違った印象を演出することができます。

・まつ毛の角度「上」——元気でかわいらしい印象。目元の主張が強くなる。

・まつ毛の角度「中」——落ち着いていて上品な印象。「上」のように主張は強くないが、印象的な目元になる。

顔の印象を変える「まつ毛の角度」

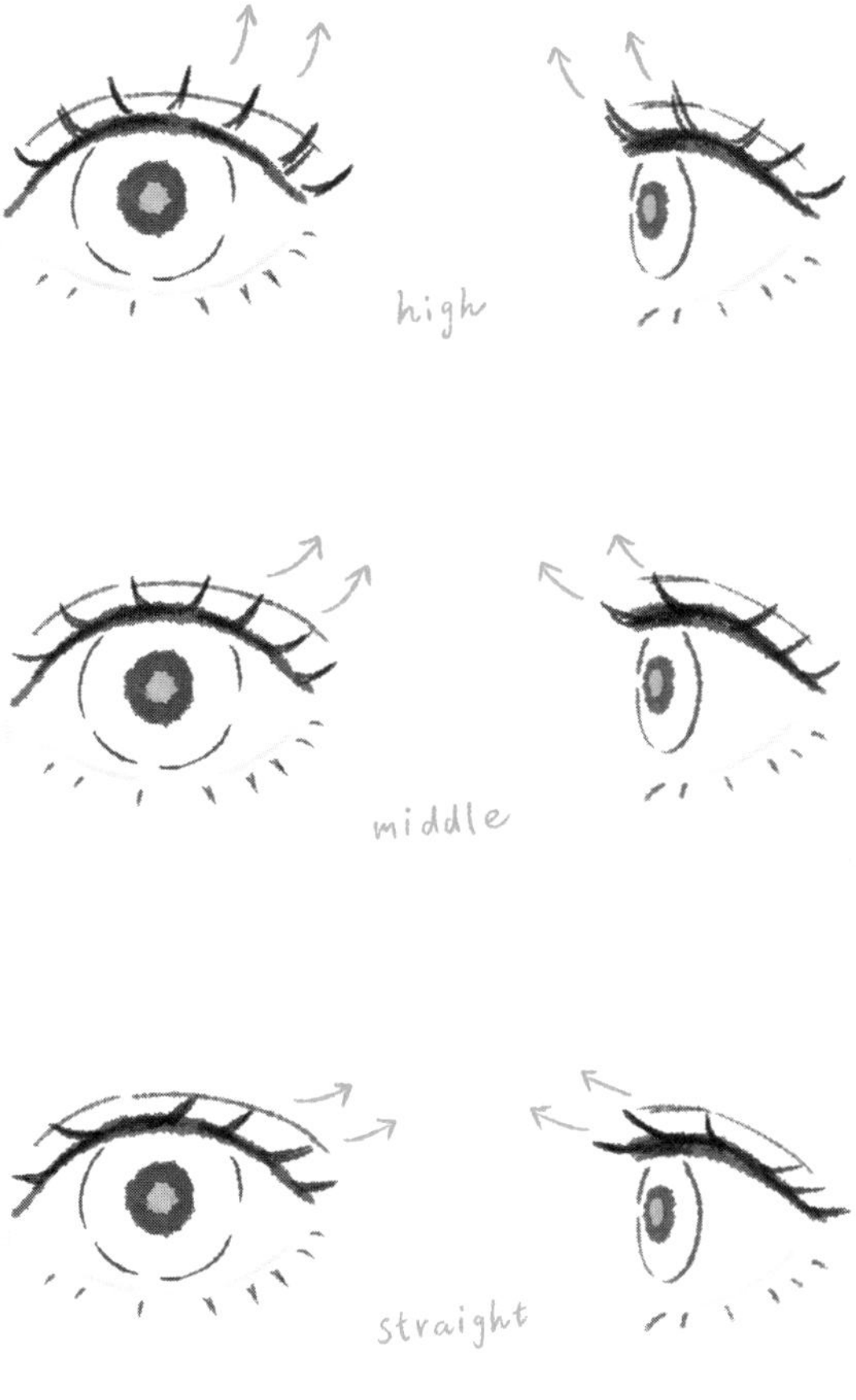

・まつ毛の角度「真っ直ぐ」――クールな女優顔の印象。意志の強さを感じさせる。

この印象の違いを覚えておくと、**まつ毛の角度ひとつで「その日、なりたい顔」に調整することができます。**たとえば童顔の人が、まつ毛の角度を「真っ直ぐ」にすると、童顔っぽさが少し抑えられてクールな印象を出せるでしょう。

ちなみに、**まつ毛が下向きに生えている人は、必ずビューラーを使って、最低でも「真っ直ぐ」の角度まで上げたほうがいいと思います。**

実は私のまつ毛も、やや下向きに生えているのですが、ビューラーを使わないと、まつ毛が影になって目に光が入りづらくなり、目元が少し暗い印象になると感じています。

自まつ毛を育毛したら、なおのことです。長くて濃いまつ毛が目に覆いかぶさっていたら、それだけ長く濃い影が目の中にできてしまうので、「ビューラーは必ず」と心得ておくといいでしょう。

まつ毛と同様、アイラインの入れ方によって印象を使い分けることもできます。

まず、まつ毛の生え際が見えている人の場合（まつ毛の生え際がまぶたで隠れている方は、ここはスルーしてください）、その生え際の隙間をアイラインで埋めるかどうかで印象が変わります。

生え際の隙間を埋めると、目の形が隙なく縁取られて目元の印象が強くなります。まつ毛の生え際の隙間を埋めないままにすると、目元が少し開けたような明るさが出ます。意志の強さではなく、清楚《せいそ》でピュアな感じ。いってみれば女性アナウンサーのような、話しやすくて意思疎通が図りやすそうな印象になります。

次に、目尻に入れるアイラインの角度について。

キュッと目尻を撥《は》ね上げるように描く「上」、ほぼ目尻と平行に描く「真っ直ぐ」、目尻から下げるように描く「下」の3つに分けると、それぞれの印象は次のようになります。

・アイラインの角度「上」――意志が強そうな印象。リフトアップして見える。

・アイラインの角度「真っ直ぐ」——真面目そうな印象。
・アイラインの角度「下」——優しそうな印象。ただし私の場合、「タレ目メイク」は老けて見えるので避けています。ご自身でも研究してみてください。

なりたい印象だけでなく、私は、髪型によってアイラインの入れ方を変えることもあります。


また、最近はナチュラルな色みのカラーコンタクトが主流になっています。

私は薄茶色のカラコンを入れています。「いかにもカラコン」という感じではないので気づいていない人も多いかもしれません。目の健康も重要なので、「シリコーンハイドロゲル」という目に優しい素材のものを愛用しています。

実は私の50代半ばになる母も、外出時や旅行時に、複数の色のカラコンを使い分けて楽しんでいます。

顔の印象を左右する「アイラインの角度」

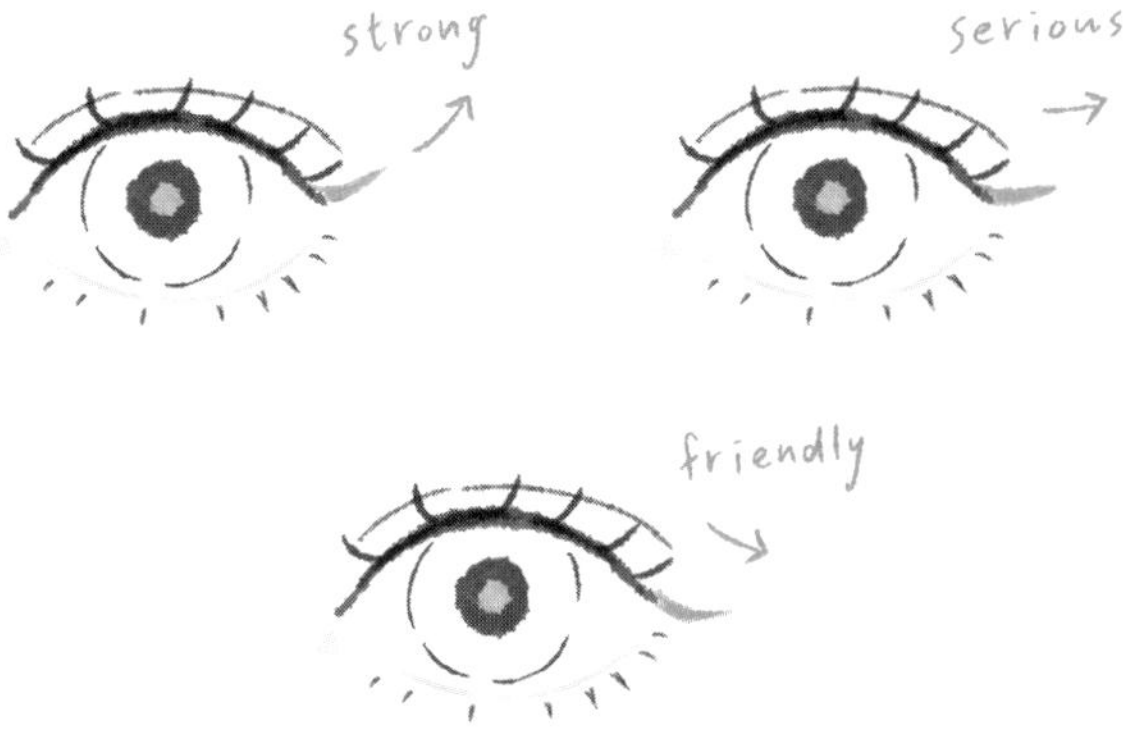

それがとても自然で、魅力的。母を見ていると、かつての「カラコン＝若い子たちのもの」「一定の年齢になったら卒業するのがよし」とされていた傾向は、今ではずいぶん変わったんだなと改めて感じます。

では、カラコンをどう活用したらいいか。ビギナーさんは「黒目の大きさを調整する」と考えると取り入れやすいと思います。瞳《ひとみ》の印象は白目と黒目の比率によって決まります。黄金比とされているのは、「白目1、黒目2、白目1」なのですが、日本人の裸眼の平均では、黒目が理想よりも小さい人が多いと言われているようです。

そこを、レンズの周辺だけに色が入って

いるディファイン系カラコンでちょっと調整してあげるだけで、目が適度に強調され、周囲に与える印象がよくなりそうですよね。

色は透明で、光の粒が描き込まれているカラコンもあります。これを着けると目が輝いて見えるので、疲労などで目に力がない日などに活躍してくれるでしょう。

もちろん、どのようなタイプのカラコンにも度を入れることができます。

カラコンの色選びに迷ったら、まず基本は髪色に合わせること。髪色をしょっちゅう変えている人にとっては、髪色を変えるたびに瞳の色も変えるという新たな楽しみにもつながるでしょう。

さらに、カラコンの色に合わせてメイクの色みを変えてみると、「いつもとは違う自分」に出会えます。マンネリを脱したいとき、少し雰囲気を変えてみたいときに、手軽に試せるのもカラコンのいいところです。

39. メイク直しの必須アイテム

メイク直しは、なるべく手短に、かつ的確に済ませたいものですよね。

時間が経つとテカりやすい、乾燥しやすいなど、悩みによってメイク直しのポイントは変わりますが、目的別に「最低限、これさえ持っておけば怖いものなし」という私の必須《ひっす》アイテムを紹介します。

・瞬時のメイク直し術① 肌の色みを整える——カラーコンシーラー

コンシーラーをベースメイクで使う人は多いと思いますが、私は、メイク直しのときにもコンシーラーを使います。

ベースメイクで使う大きなコンシーラーだと、せっかく塗っていたチークなどが台無しになってしまって、メイク直しに時間がかかります。その点、小さなチップコンシーラーならばピンポイントの修正に最適です。

延びがよすぎると他の部分にも広がって影響してしまうので、やや硬めのテクスチャーのチップコンシーラーがおすすめです。

チップコンシーラーをメイク直しに取り入れるには、まず、自分はどんなふうにメイクが崩れやすいのかを把握しておくことが重要です。

たとえば、赤みが出やすいならグリーン、クマが目立ちやすいならイエロー、くすみやすいならピンク、透明感を出すにはブルーとパープルのチップコンシーラーを、ポーチに入れておきます。

メイク直しのときは、それを気になるところにポンポンするだけ。これで、短い時間でさっと肌の色みを整えることができます。

・瞬時のメイク直し術②　テカリを抑える――パウダー＆パフ

メイクの仕上げにフィックスミスト（フィニッシングミスト）をしておくと、だいぶメイクは崩れにくくなります。それでもテカリが出てしまうことはあるので、私はメイク直し用に、コンパクトなパウダーとパフも持ち歩いています。

チップコンシーラーで肌の色みを整えたら、パフで少量のパウダーを取って、小鼻などテカリが気になるところを優しく押さえる。これでベースのメイク直しはほぼ完成してしまいます。

・瞬時のメイク直し術③　アイシャドウの崩れ――マスカラ

夜になるとアイシャドウの粉末がまつ毛にくっついている人、意外と多い印象です。小さなところですが、まつ毛に粉が落ちていると汚らしく見えかねません。せっかくきれいにまつ毛をカールしていても台無しです。

微細な粉末は取り除くのが難しいので、マスカラを上塗りして解決します。しっかりしたテクスチャーのマスカラだと、まつ毛が無駄に重たくなるので要注意。メイク直しには、重ね塗りしても濃くなりすぎないくらい、緩めのマスカラが適しています。

・瞬時のメイク直し術④ 肌の乾燥――リップクリーム

特に秋〜冬は空気が乾燥しているので、メイク直しでも強めの乾燥対策が必要です。

顔全体にはメイクの上から使えるミスト化粧水をひと吹き。

そして、特に乾燥しやすい目元には、私は、透明のリップクリームを塗ってしまいます。

保湿効果の高いリップクリームを少量、指にとって目尻や目の下にポンポンすると、一瞬で潤いが復活し、目元がふっくらしてくれます。

40.「健康な髪」でなくてはスタイリングも決まらない

「髪は女の命」なんて言いますが、つくづくとそう感じた出来事があります。

学生のころ、髪色で遊びすぎてブリーチを7回ほど繰り返した結果、髪の毛がパサパサになって短く切れてしまいました。

割と自信のあるロングヘアだったのですが、それが切れてしまってボブくらいの長さになり、前髪も眉《まゆ》上くらいの長さに……。まるで「サザエさん」に出てくるワカメちゃんのようでした。

そうなってしまってからの私の落ち込みようは、それはもう半端なものではありませんでした。髪が十分に伸び、ちゃんとケアしてきれいになるまでの間、過去イチ病んでいたと言ってもいいくらいです。

肌は手をかけるほどにふっくらと蘇《よみがえ》ってくれますが、すでに生えている髪の毛にできることは限られています。何をしても焼け石に水。鏡を見るたびに悲しくて悲しくて、「髪はやっぱり女の命なんだ……」と痛感する日々でした。

いくら髪色や髪型で遊ぶのが楽しくても、それによって髪の毛が絶望的に傷んでしまうようなことは、もう絶対にしない。これからは髪を大事にする。3年前に、そう決意したのです。


実際に髪をちゃんとケアするようになって、改めて実感したのは、髪の毛ひとつで人の印象は大きく変わるということです。

いくらスキンケアで肌を磨き、きれいにメイクをしていても、髪の毛がパサパサだったら魅力が半減してしまいます。逆に髪がきれいな人は、それだけで一気に美人度が上がり、周囲に対しても「髪までしっかりケアできている、ちゃんとしている人」という印象を与えるでしょう。

自分磨きのテーマはたくさんあります。どれも重要なのですが、髪を制するものは美を制する。髪の毛を粗末に扱って過去イチ病むほど後悔したことがあるからこそ、心から、そう思うのです。

さて、髪の毛が一番傷むのは、私も失敗をおかしてしまったブリーチと、縮毛矯正だと言われています。

インナーカラーの際に内側に生えている髪の毛をブリーチするくらいなら許容範囲かもしれませんが、髪全体をブリーチするのはやめる。

ダメージが少ないことを謳《うた》っているケアブリーチでもあまりおすすめはできません。私自身、7回繰り返したのはケアブリーチでしたが、それでも髪が切れてしまいました。

髪色を変えたいのなら、ブリーチしてから色を入れるのではなく、ヘアカラーにするといいでしょう。ヘアカラーにはダメージが少ないものもありますし（これは信用しても大丈夫です）、むしろ髪にツヤを与えてくれるものもあります。

今は以前ほど明るい髪色は流行《はや》っていないとはいえ、「やっぱり髪色を明るくしたい」という人もいるかもしれません。

ヘアカラーは元の髪色に色を重ねるので、ブリーチしてから色を入れたときほど劇的に明るくはなりませんが、何度か繰り返せば少しずつ明るくなっていきます。どうしても髪の色を明るくしたいという方は、明るめのカラーを繰り返すことでブリーチを避けながら徐々に明るくしていくのがおすすめです。

少し時間はかかりますが、ブリーチのダメージを考えれば、時間もお金もかける価値があると思います。

クセ毛の人、特に縮れ毛の人にとって、定期的な縮毛矯正は、髪が傷むとわかってはいても欠かせないものでしょう。でも、これも、やり方次第でダメージを最低限にすることは可能です。

美容院に行くたびに髪全体に縮毛矯正をかけていたら、過去に済んでいる部分にも何度もかけることになり、どんどん髪が傷んでいきます。

そこで私のおすすめは、3~4ヶ月くらいごとに、根元の伸びた分だけにかけるというやり方です。癖が強ければ一度全体に縮毛矯正をかける必要がありますが、その

後は案外新しく生えてきた根元を真っ直ぐにするだけで全体的に落ち着いてくれたりします。

もちろんこれはダメージを最小限に抑える縮毛矯正の続け方です。中には毎回全頭に縮毛矯正をかけないときれいにならないという方もいらっしゃるかもしれません。こちらもぜひ自分に合う方法を、美容師さんに相談しながら模索してみてください。

・きれいに見せつつ髪を傷めるスタイリング剤を見抜く

日々のスタイリングで注意したいのは、**髪をきれいに見せているようでいて、実は髪を傷めているスタイリング剤が意外とたくさんあることです。**

たとえば、ツヤ出しスプレーは、たしかに髪がツヤツヤするのですが、日光に当たると髪が焼けてしまうオイルタイプのものがけっこうあります。

また、強力なコーティング剤はシャンプーで落としづらいため、シャンプー後のヘアケア剤の浸透が悪くなる、そのせいで本来の髪の美しさが損なわれる、さらにはヘアカラーが入りづらくなる……といったデメリットがあります。

せっかく日々、ヘアケアをしているのに知らず知らずのうちに髪を傷めるのはもったいないので、スタイリング剤は、明確に「ダメージケア」を謳っているものを選びます。

そのうえで、スタイリングの仕上げには髪用のUVスプレーを使えば完璧《かんぺき》。特に紫外線の強い夏には欠かさないようにするといいでしょう。

・長さ&目的別、髪の巻き方

ヘアアイロンは自分で手軽に髪の毛をカールできて便利ですが、うまく使いこなせないという人も意外と多いようです。

その理由の1つは、ヘアアイロンの直径と、自分の髪の長さや作りたいスタイルが合っていないことかもしれません。今、定番になっている直径4タイプを、髪の長さ・目的別に分類しておきましょう。

・19ミリメートル——ショート〜ミディアムヘア向き。柔らかい印象の細かいウェーブに

・26ミリメートル――ミディアムヘア向き。カジュアルな印象の巻き髪に。ボブヘアの毛先のカールにも

・32ミリメートル――ミディアム～ロングヘア向き。一番王道の巻き髪に。ミックス巻きにするとヒラヒラしたかわいらしい巻き髪になるのでデートのときなどにおすすめ

・36ミリメートル――ロングヘア向き。上品で大人っぽい印象の大きめの巻き髪に

せっかくがんばって巻いたのに、ぜんぜん狙っていたスタイルに決まらないと凹《へこ》みます。人と会っても、意味もなく「こんな髪形ですみません……」みたいな申し訳ない気持ちになってしまう。きっと誰にでも覚えがあることだと思います。

そんな失敗がなくなるよう、まず、**自分の髪の長さに合っている直径を選ぶ**。あとは、**その日の洋服、なりたい印象などに合わせて使い分けるといいでしょう。**

高温で使いすぎると、髪が傷む原因になるので注意してくださいね。

本書の出版にあたり、構成を担当してくださった福島結美子さん、そしてＫＡＤＯＫＡＷＡの小川和久さんにお世話になりました。美容についての最初の先生である母、いつも美容について情報交換をしながら美に対する意識を上げてくれる友人たち、そして発信を含めて行動のモチベーションを高めてくれるフォロワーのみなさんなしには、本書の出版にはいたりませんでした。ここに感謝の意をお伝えします。さらに素敵な姿を目指して共に邁進していけたら光栄です。

小林 彩友

こばやし・あゆ

美容系インフルエンサー。日本化粧品検定1級、アスリートフードマイスター3級。青山学院大学在学中にSNSマーケティング事業で起業。美容への追求心と栄養学などの知見を掛け合わせ、主にX(Twitter)を軸に情報発信している。

X(Twitter)「タフ子ちゃん」：@llx_ayu_xll

“自分《じぶん》史上《しじょう》最高《さいこう》の美人《びじん》”になれる40の習慣《しゅうかん》

2024年4月1日　初版発行

著　者　小林《こばやし》彩友《あゆ》

発行者　山下直久

発　行　株式会社KADOKAWA
〒102-8177 東京都千代田区富士見2-13-3
電話 0570-002-301（ナビダイヤル）

印刷所　TOPPAN株式会社

製本所　TOPPAN株式会社

●お問い合わせ
https://www.kadokawa.co.jp/（「お問い合わせ」へお進みください）
※内容によっては、お答えできない場合があります。
※サポートは日本国内のみとさせていただきます。
※Japanese text only

定価はカバーに表示してあります。

ISBN 978-4-04-606787-6 C0095